汪建策 著

一路走来
YILUZOULAI

中国书店

图书在版编目（CIP）数据

一路走来 / 汪建策著． -- 北京：中国书店，2018.4
ISBN 978-7-5149-2013-0

Ⅰ．①一… Ⅱ．①汪… Ⅲ．①博物馆－历史－九江 Ⅳ.
①G269.275.63

中国版本图书馆CIP数据核字(2018)第057426号

一路走来

汪建策 著

责任编辑：孔 玉

出版发行：中國書店

地　　址：北京市西城区琉璃厂东街115号
邮　　编：100050
印　　刷：北京建筑工业印刷厂
开　　本：710mm×1000mm　1/16
版　　次：2018年4月第1版第1次印刷
印　　张：13.75
书　　号：ISBN 978-7-5149-2013-0
定　　价：68.00元

文化自信

是一个民族保持清醒,不断前行的精神动力!

仅以此书

献给九江市博物馆成立四十周年!

作者题记

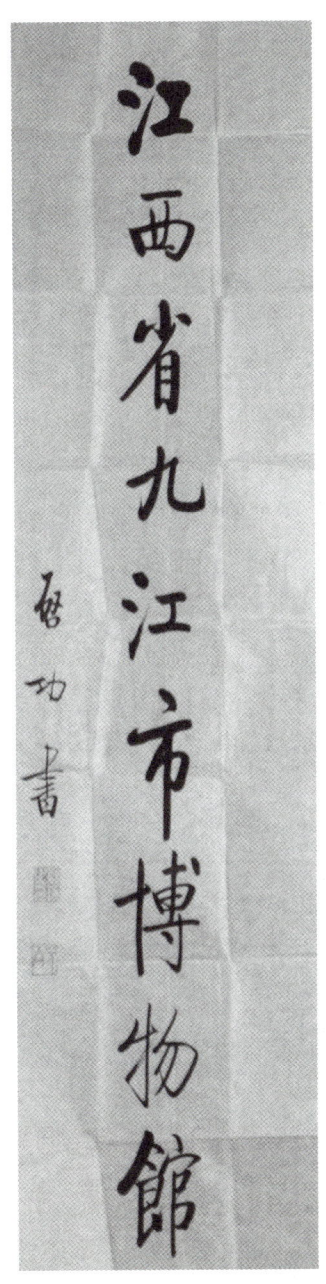

启功先生为九江市博物馆题写的馆名

（纸本，纵 105cm，横 35cm）

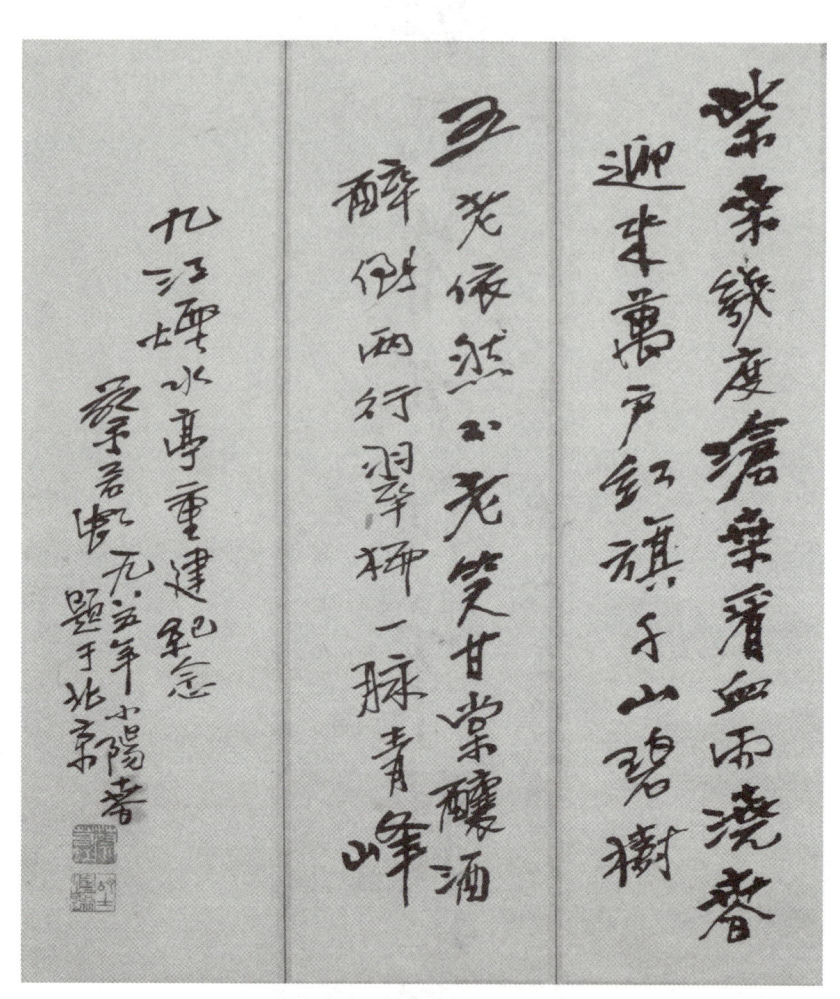

蔡若虹先生为九江烟水亭（博物馆旧址）题写的对联
（纸本，纵57cm，横43cm）

目 录

前 言 / 1

上 篇
风雨文博路　痴心终不悔

复苏的大地 / 1

1978，值得记住的年份 / 2

收获馆藏文物的黄金十五年 / 9

今天的实物就是明天的文物
　　——'98抗洪文物征集的前前后后 / 18

命运多舛的九江市博物馆 / 27

漂泊不定的九江市博物馆 / 31

走进春天 / 33

市民议事厅——九江需要建什么样的博物馆 / 34

圆梦的五年——九江博物馆新馆建设过程 / 62

让历史和文物在这里有温度

　　——九江博物馆·赣北历史文化的窗口 / 78

在这里读懂九江——九江博物馆历史陈列巡礼 / 86

交上一份合格的答卷

　　——冲击"全国博物馆十大陈列展览精品奖" / 91

记忆乡愁——"九江非物质文化遗产展览"巡礼 / 110

寄语未来 / 117

从抓"两个效益"到博物馆免费开放的转变 / 120

基层博物馆专业人员不足的困境与出路 / 126

关于创建主题博物馆的两份政协提案 / 131

下 篇
露从今夜白　月是故乡明

广阔天地　大有作为——我的三年"知青"生活 / 139

发掘历史文化　重振浔阳茶市 / 146

水乡泽国话九江 / 150

只知庐山　不知九江 / 160

"独立之精神，自由之思想"
　　——读《陈寅恪的最后二十年》/ 166

弯弯的溢水故乡的河 / 172

水井·民生 / 175

大山深处的古文化——走进修水山背 / 179

九江·1858——写在收回九江英租界九十周年之际 / 187

附 录

汪建策：三十年风雨文博路 / 197

痴心文博终不悔——记九江市博物馆馆长汪建策 / 202

后 记 / 205

前　言

2018年，农历戊戌年。这一年九江市博物馆迎来了成立四十周年的日子。恰巧，就在这一年我也步入了花甲人的行列。

岁月匆匆，回首想想，时间过得真快呀！三十七年前的1981年，我来到九江市博物馆工作，从一名文物保管员，风雨兼程，一路走来。虽然有些坡坡坎坎，跌跌撞撞，却没有因为刚直的性格而被社会弃之。感谢上苍的宽厚，感谢相遇人的包容！

也许是执着的禀性，死脑筋的缘故吧，来到博物馆后我就从来没有想过离开，一待就是三十七年。其间，蒙恩组织和领导的信任，曾三次要将我调离博物馆，履职新岗，三次中有两次为提升职阶，不识抬举的我都婉言谢绝了。直到今天，我都没有一丝悔意，因为，冥冥之中我已经爱上了这份平淡无奇但又充满挑战的职业，下定了终我一生和这些看似冰冷却饱含温度的文物打交道的决心。

文物工作是一件既复杂又简单的工作。说它复杂，是因为每件文物的背后都有着一段历史与人文旧事，无声地诉说着它们的曾经与过去，这些远逝的历史需要我们去寻找，去叩问，还其本来的"真身"。说它简单，是因为它们已经退去了世间的"火燥"，没有了当下人事的讹诈与纷争，真可谓"不蔓不枝，香远益清"了。

三十七年来，我参与、见证、守望了九江博物馆的发展历程，这里系住了我的许多情感与热情。2015 年，我相继从九江市文物局书记、市博物馆馆长的岗位上退了下来，官方称之为"切线"。为了能让我的工作有个圆满的结局，给来者一个交代，从 2015 年开始，我就萌生了撰写这本书的念头，以此献给九江市博物馆成立四十周年和我毕生钟情的事业。

两年来，我将手头的资料进行整理归类，又查阅相关档案，寻访一些文博界老人，以期材料准确真实，留下一点可资参考的东西。能否如我所愿就不得而知了。

最后权以"担当生前事，何惧身后评"这句话来收笔，并以此与同志共勉！

汪建策
2018 年元月于浔阳上洲岛

上 篇
风雨文博路　痴心终不悔

复苏的大地

1976年,历经了十年之久的"文化大革命"终于宣告结束了。人们压抑已久的神经似乎一夜之间迎来了缓冲与放松。在那个特殊的年代,物资匮乏,票证横飞,高度计划。如果说缺衣少食对于我们这个久经磨难的民族来说尚能忍受的话,那么,长夜寒风对人的精神折磨才是生命中最大的痛。

记得那年那月,当善良的人们得知"文革"结束的消息后,都欢呼雀跃,奔走相告。这是久违的心声与民意。

之后的日子,呈现在眼前的不再是"红、黄、蓝"色调机械单一的衣饰,一夜之间,世界似乎变得斑斓多彩。那是发自心底的对色彩世界的渴望,她预示着春天将要到来。

1978，值得记住的年份

对于出生于 20 世纪 50 年代的人来说，发生于 1966 年至 1976 年那段历经十年的"文化大革命"运动，是永远都挥之不去的人生记忆……

当时，文物作为"四旧"类的东西，被尘封了起来，甚至被捣毁，被砸烂。各地博物馆都无法正常对外开放。文物从业人员被时代抛向了各方，不能从事正常的业务工作。这是一个有着五千年文明史的国家文博工作未盛即衰的历史拐点。

十年，在岁月的长河中不过是弹指一挥间，而对于走过了那个年代的人来说却是荒废了的宝贵黄金年华。回望历史也许会让我们清醒与理智。

1978 年 6 月，"文革"结束后刚刚两年的时间，九江市便成立了博物馆，这在当时不能不说是思想解放、敢立潮头的大胆之举。

1978 年 6 月 24 日，江西省九江市革命委员会下发了《关于成立九江市博物馆的通知》，宣布九江市博物馆正式成立。

说起九江市博物馆的肇始，还得从 1972 年开始。据陈尚秋先生《岁月留痕四十春》手稿中的回忆，那一年文化馆、文化宫合并办公，与市图书馆、广播站同隶属

江西省九江市革命委员会文件

市革发〔1978〕95号

关于成立九江市博物馆的通知

市属各单位：

随着我市文博事业的发展为更好地利用文物向广大人民群众进行历史唯物主义、爱国主义和革命传统教育，并配合旅游事业的发展，做好对外开放工作，经市委研究决定成立"九江市博物馆"（设能仁寺内）自即日起开始筹建。

一九七八年六月二十四日

抄　送：省委宣传部、省文办文化组、展览组、省博物馆、
　　　　九江军分区、地委宣传部、文化组

九江市革委会办公室印发　　　　　一九七八年六月廿四日
　　　　　　　　　　　　　　　　　共印150份

《关于成立九江市博物馆的通知》复印件

陈尚秋先生手稿

于九江市工农兵文艺工作站领导。各单位分头开展各项文艺活动和工作。九江的风景名胜"烟水亭"是当时文艺工作站对外开放的旅游景点,负责接待外地来九江参观的宾客。

烟水亭坐落于市区甘棠湖中心的小岛上,是九江市区内现存的唯一一处晚清古典建筑群。旧时为文人墨客宴游之地。20世纪60年代以前，烟水亭归属市园林部门管理，之后划归市文化馆作为对外开放景点，供游人参观赏景。1972年政府拨专款建曲桥一座，名曰"九曲桥"，桥的建成，结束了舟渡登亭的历史。

1987年于烟水亭前增筑新台，构方亭，再现周郎点将英姿。

1975年9月16日，九江市历史文物陈列室在烟水亭正式挂牌成立，并分别在烟水亭内的东、中、西、前、后五个展厅中展出历史文物474件（套），这是九江市首次集中展出数百件（套）文物的展览。

烟水亭"九曲桥"，1972年建，1995年摄

陈尚秋先生根据 1936 年照片绘制的烟水亭旧景

新台落成纪念品周瑜瓷雕像、粉彩瓷茶杯

九江市历史文物陈列室即是九江市博物馆的前身。第一次的文物陈列布展工作,得到了江西省博物馆的大力支持与帮助,彭适凡先生(研究员,1984年—1998年任江西省博物馆馆长)亲自到九江指导、协调整个布展工作。参与布展工作的还有九江的陈

作者和第一任馆长田祥鸿合影

尚秋、户亭凤、丁小凡先生,他们是九江市文博工作的拓荒者和主要奠基人。在九江文博界,年轻人都尊称他们为"文博三老"。

下面的表格为"九江市博物馆历任馆长一览表"。历任馆长的任职时间,本表反映得并不十分精确,因为干部调整期间存在空档期问题。为了便于衔接,本表将主持工作时间归并在任职时间内。

九江市博物馆历任馆长一览表

姓名	性别	生卒年	任职时间	文博职称 行政级别	备注
田祥鸿	男	1933—	1978—1983	正科级	后任市文化局副局长（副县级）
杨复经	男	1928—2001	1983—1988	副县级	
吴万里	男	1933—2012	1989—1993	正科级	
熊克达	男	1941—2014	1993—1999	文博馆员 正科级	
吴水存	男	1948—	2000—2007	文博研究员 正科级	
汪建策	男	1958—	2007—2015	文博研究员 副县级	2011年兼任市文物局书记
杨春	女	1976—	2015—	正科级	

收获馆藏文物的黄金十五年

1980年至1995年的十五年间,是九江市博物馆收获馆藏文物最丰富的黄金十五年。

1978年12月中国共产党第十一届三中全会召开,工作重心开始从"以阶级斗争为纲"转向了"以经济建设为中心",历史进入新阶段。九江新一轮大规模城市建设也随之如火如荼地进行起来。随着经济的不断增长,城市对人口的集聚效应突显出来。大兴土木、除旧布新,改变了城市原有的面貌和形态,一些居民家中的老旧物品似乎成了生活中多余的"废品",人们纷纷将那些无用的废品投向了博物馆或废品回收公司。为了能够留住这些东西,当时我们与废品回收部门有个约定,定期去他们那里拣选一些具有历史价值与纪念意义的物品作为馆藏品,根据他们实际收购该物品的价格附加一点手续费完成再收工作。这是九江市博物馆早期馆藏文物的来源渠道之一。

在我的记忆中,九江市博物馆所收藏的大多数文物主要还是来自地下的出土文物。20世纪80年代,由于九江市处于大兴土木、城市快速扩张的历史时期,一些基建工地不时地就能挖掘到埋藏于地下的古遗址、窖藏、墓葬等。因当时的人们对文物没有足够的认识,每当风雨天气,

从废品公司拣选的"宋仿唐鸾凤花卉纹形铜镜"

从废品公司拣选的"天完政权治平三年管军万户府铜印"

从废品公司拣选的"元仿唐人物故事纹铜镜"

建筑工地无法开工时,他们就将挖得的文物集中送到当地博物馆进行"有偿捐赠"。有偿捐赠,实际上就是一种变通的买卖,这也是当时各博物馆较为普遍的一种做法。因为,按照《文物法》规定,地下、水下文物属国家所有,擅自买卖属违法行为,为了规避风险才出现了"有偿捐赠"这一变通的做法。这种心知肚明、瞒天过海的"违法行为",客观上起到了良好的实际作用。它至少是国家花费低廉的代价,收集了大量的珍贵文物,为今天的历史研究和文化宣传提供了难得的实物资料。历史是辩证的,事物往往具有两面性。所以,古人云"两害相权取其轻,两利相权取其重",这也许是一种法则吧?!

省馆调拨的"南朝青瓷灶"

说到九江市博物馆馆藏文物的来源问题,还有三点是不能不说的:一是江西省博物馆的无偿划拨。1975年九江历史文物陈列室筹办展览时,因专业人员与实物资料的缺乏,省博物馆除派专业人员进行布展指导外,还专门调拨了一批与九江历史相关的文物充实展览,以弥补展出文物不足的问题。二是九江文物商店收购的超年份文物的移交。九江文物商店成立于1979年11月,在此之前它是江西省文物总店在九江地区的文物收购点,专门负责征集收购九江地区内传世的各类文物。按照当时的规定,文物商店所征集收购的超年份文物(清乾隆六十年,1795年以前的文物)须移交到博物馆作为藏品,不得出售。博物馆将接收到的文物按实际收购价格付酬或以馆内收藏的不够年份（1795年以后）文物进行交换。三是"文革"时期收缴品的转交。十年"文革"时期，因受政治气候的影响，各地都收缴了数量不等的文物，

省馆调拨的"元兽面蕉叶凤耳铜瓶"

这些"四旧"类的"遗物"没有来得及销毁的,被集中起来之后,转交到了博物馆,成了馆藏品。这种做法在当时是普遍存在的。

省馆调拨的"明德化窑白釉堆塑海棠杯"

文物商店调拨的"唐青瓷褐斑水盂"

文物商店调拨的"南宋龙泉窑青瓷印花碗"

文物商店调拨的"清光绪款青花饶州府图盘"

上篇 风雨文博路 痴心终不悔

传世品"清光绪款粉彩云龙蝴蝶纹葵口盘"

传世品"清浮雕蝠桃石榴形翡翠杯"

上篇 风雨文博路 痴心终不悔

传世品"清程门浅绛彩山水人物纹瓶"

今天的实物就是明天的文物
——'98抗洪文物征集的前前后后

九江是一座滨江临湖的城市。先民们逐水而居,过着靠水吃水的生活。两千多年来,九江的城池一直是在江湖间游动,很不稳定,直到明清时期城池才基本定格下来,形成了今天的九江市。

九江城垣变迁图

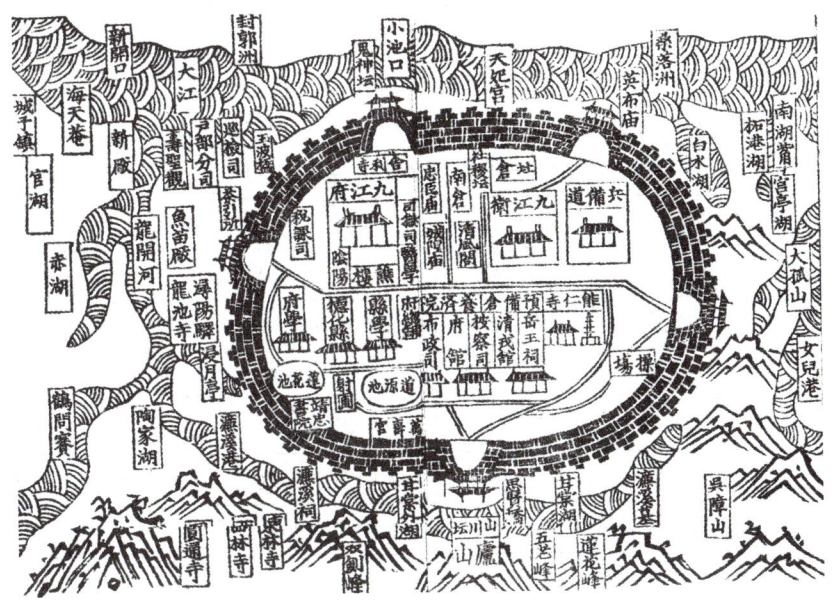

明嘉靖《九江府志》之府郡城图

水,养育了九江灵动鲜活、接纳八方的城市个性,也孕育了这方积淀深厚的文化大地。然而,在自然灾害中,水又是九江发展过程中不能不面对的最大的顽敌。据府县志记载,从唐宪宗元和九年(814年)到清同治九年(1870年)的1000多年间,九江发生过的具有较大破坏性的水灾达24次,平均每50年左右发生一次。

从某种意义上说,九江又是一座亲水、吃水、治水的城市。

1949年后,为治理水患,九江拉开了堤防建设的序幕。到1994年九江城区保护范围扩大到了45平方公里。

九江历代水灾基本情况一览表

朝代	年份	水灾基本情况
唐	宪宗元和九年（814年）	大水害稼
宋	太宗淳化元年六月（990年）	江洲水溢二丈八尺
宋	大中祥符四年七月（1011年）	江洲江涨害民田坏川城
宋	庆元元年五月（1195年）	大雨五昼夜江流暴溢
元	武宗至大二年（1309年）	江洲水民饥
元	仁宗元年（1312年）	江洲路水发禀赈
明	穆宗六年（1572年）	封郭三洲大水
明	神宗三十六年（1608年）	大水城中水深数尺以舟楫往来
清	康熙二年（1663年）	大水溃堤数处禾黍尽没
清	康熙三十一年（1692年）	大水啮堤
清	康熙三十三年（1694年）	大水溃封郭二洲堤禾黍尽漂
清	康熙五十五年（1716年）	大水桑落封郭二洲民失业者多乞食于市
清	雍正四年夏（1726年）	大水冬始退
清	乾隆三十一年（1766年）	庐山出蛟大水
清	乾隆三十三年（1768年）	大水民多灾疫
清	乾隆三十五年（1770年）	延支山水深数尺
清	乾隆五十三年秋（1788年）	大水封郭二洲堤溃近居民房坍塌田地无收
清	嘉庆九年夏（1804年）	连日大雨江湖水涨田多被淹
清	道光三年（1823年）	大水驿路堤溃
清	道光十三年（1833年）	大水王家埠堤溃
清	道光十四年（1834年）	大水丁字霸堤溃
清	道光二十一年（1841年）	坐湖大水
清	道光三十年（1850年）	江滨大水
清	同治九年夏秋（1870年）	大水堤溃流民甚众

备注：根据《德化县志》的记载整理

1998 年 8 月 10 日堵口现场

上篇 风雨文博路 痴心终不悔

一路走来

说起水患,我们不能不提到1998年的世纪大水。是年,大气环境变化异常,造成长江流域大范围持续降雨。8月1日23时,九江水位达23.03米,超警戒水位3.5米,超历史最高水位0.83米。8月7日九江长江城防大堤4—5号闸口之间被冲开了一个宽60米的决口,湍急的江水似飞溅的瀑布倒灌城区。

一时间险象环生,这是九江历史上罕见的大水灾,其持续时间之长,影响范围之广,来势之猛,危害之大,至今令人心有余悸。

8月9日中午,我和同事陈晓东、熊海清搭乘九江钢厂给堵口部队运送给养的大卡车来到决口现场,下车后被眼前的场面震惊了,也深深感受到了水灾无情的真实。

出于职业的敏感,我们商量着能否将与'98抗洪有关的实物收集起来,作为一种特殊年份的实物见证。这一想法得到组织同意后,我们便着手收集工作。为了全面有序地进行收集,我们先后多次找到南京军区驻九江抗洪前线指挥部和武警驻九江抗洪部队,请求他们给部队下达一道命令,把与抗洪相关的实物捐赠给九江市博物馆。

部队首长非常赞同我们的做法,于是这项工作很快得到了落实,征集工作也非常顺利,抗洪部队在完成使命凯旋之前专门组织了几次向九江市博物馆捐赠抗洪文物的活动。

短短的40多天时间,我们共征集'98抗洪实物500

余件（套），后经省文物专家鉴定组认定，二级文物76件（套），三级文物329件（套），资料100余件（套）。

九江是一座洪涝灾害频发的城市，由于历史原因，与具体灾害相关联的文物几乎为零。今天我们能够检索到的除了有限的少量图片外，主要是一些文字记载，这不能不说是一种遗憾。'98抗洪文物的征集收藏能够起到留住九江与洪水抗争的直观实物资料的作用，也是我们留住历史的一种特殊记忆方式。

南京军区第三十一集团军向九江市博物馆捐赠抗洪文物

一路走来

1998年九江遭遇特大洪水，博物馆员工紧急搬迁馆藏文物
（上图、下图）

1998年九江遭遇特大洪水,博物馆员工紧急搬迁馆藏文物

上篇 风雨文博路 痴心终不悔

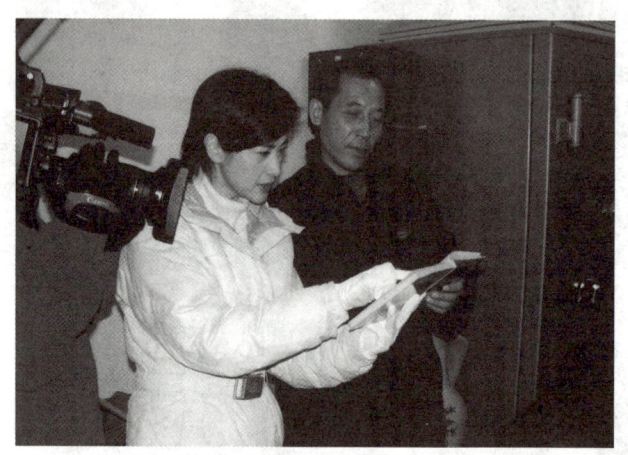

2008年1月22日作者就"'98洪水"接受香港凤凰卫视《江河水》摄制组主持人吴小莉专访（上图，中图）

凤凰卫视主持人吴小莉给作者的艺术签名

命运多舛的九江市博物馆

从稚嫩走向成熟是事物发展的基本规律。九江市博物馆风雨兼程，四十年一路走来，既有光鲜亮丽的一面，又有蹉跎曲折的历程。1975年，新成立的九江市历史文物陈列室（九江市博物馆的前身）主要栖身于烟水亭内。这座总占地面积仅1700平方米、建筑面积不过500多平方米的江南古典建筑群，很难适应当时收藏、展览等各项活动的需要。为了拓展空间，1978年6月24日江西省九江市革命委员会以"市革发[1978]95号"文件形式批准成立了九江市博物馆，并将市区内的"能仁寺"划给市博物馆作文物收藏、临时展览和办公之用。

位于庾亮南路的能仁寺

寺内原博物馆办公楼旧址，图为改建后的建筑

大雄宝殿（原博物馆对外陈列室）

为了恢复在"文革"期间被捣毁的寺内建筑，省文化厅拨专款对损毁严重的能仁寺进行维修。维修后的大雄宝殿用作临时展厅，还专门在寺内大胜塔左侧兴建了一栋集文物库房、办公管理于一体的二层楼房，而烟水亭则专门作为博物馆的陈列开放场所，相比之前，博物馆的硬件条件有了较大改善。从1978年至1984年的六年间，博物馆的主要工作都集中在能仁寺内，这里成了九江市博物馆历史的第一个拐点。

特殊的历史时期许多事情有着特殊的做法。当时把寺院、古建筑、老屋用作博物馆的现象在全国比较普遍。这似乎是一种通行的权宜之计。然而，寺院毕竟是宗教活动场所，1983年九江地区与九江市（省辖市）合并，设立九江市（设区市），为落实国务院有关宗教政策，上级要求市博物馆于1984年底之前无条件地把能仁寺归还给宗教部门管理。至此，九江市博物馆进入了长达近三十年的有馆无舍的阶段，馆藏的近万件（套）文物被封存在57个特制的木箱内。为防止这些文物损坏和流失，光是装箱工作我们就用了两个多月时间。文物装箱之前，我们对木箱的制作、文物的包装，以及文物总账与箱内文物的子账及其与原文物分类账的对应关系等，都一一进行了详细的研究，唯恐出现差错。应该说当时的工作是认真负责的，因为参与这项工作的文物保管部的同志心里都非常清楚，这一封存将不知何年何月才能够再次把这些文物取出。

文物封存后，对正在进行的馆藏文物建档工作造成了直接的影响。这也是九江市博物馆文物建档立账工作至今尚未完成的历史原因之一。

因无固定的馆舍，封存的57箱文物跟随我们辗转搬迁了六七次之多，每次搬迁都是一次安全与保卫的大考验。对此，我曾有感而发：既然我们没有能力保管利用好这些祖先留下的文化遗产，还不如让它们躺在地下多睡几年，留给子孙们来发掘利用！当然，这也许就是机缘的历史性吧！今天它们终于有了一个"家"。

漂泊不定的九江市博物馆

1984年九江市博物馆搬出能仁寺，不折不扣地完成了宗教政策的落实问题。然而，博物馆的政策又将如何落实呢？要知道，当时为了修复能仁寺内的建筑，省文化厅专门拨付了几十万元的专项维修资金，其中一部分专门用来在寺内建了一栋600平方米的二层楼房，作为博物馆的管理用房与文物库房，这些资产最后仅以15万元的补偿全部了结，并要求补偿的15万元款项中还必须拿出一部分来解决7户寺内住家的安置问题。

搬迁后的市博物馆除烟水亭外，先后在考棚路的临时馆舍、人民影剧院、租借的私人房屋与环城路原市图书馆拆迁还房处等地过渡，业务工作几乎无法开展。实事求是地说，在漂流不定的日子里，为了文物安全和正常工作能够顺利地开展，解决有馆无舍的困境，几届馆班子都做了不同程度的努力，终因历史条件、资金问题、选址问题等原因，新馆建设问题一直得不到解决。在今天看来，工作方法、办事力度的缺乏也是造成九江市博物馆馆舍长期久拖不决的原因之一。

记得20世纪90年代末，九江的一位市政府领导陪同客人来烟水亭参观时，在谈到九江市博物馆新馆建设问题时说：你们要统一思想，对新馆建设要有具体方案，要多呼吁，我在市里也做做工作。九江的情况比较特殊，你们看市图书馆有馆有舍，新馆都开始建设了，你们博物馆有馆无舍，新馆建设问题都还没有提上议事日程。作为一个城市，博物馆是个文化窗口。就拿上海来说吧，把人民广场这样一个黄金地段作为上海博物馆新馆的建设用地，需要多大的力度和勇气。希望你们要实事求是地大胆工作，提出一个切实可行的建馆方案，我想九江博物馆的新馆建设不是没有可能，我们一起努力吧！

所以说，九江市博物馆的建设问题长期得不到解决是多方面原因造成的。

随着地方经济的不断增长，人们在物质生活日益提高的同时，对精神生活也有了新的要求。作为承载历史与文化记忆的文物已被越来越多的人所认识，所热爱。进入21世纪后，博物馆事业驶入了发展的快车道。

走进春天

看得见山，望得见水，留得住乡愁。这里是我们赖以生存的故土，是维系情怀的家园。

天地造化，自然恩宠。在这方拥山、览湖、临江的翘楚之地，九江的先民用自己的生存方式书写着属于自己的生活乐章。文脉相传，物质与非物质文化遗产是支撑我们文化自信的基石，是推动我们不断前行的动力。

进入21世纪后，博物馆事业空前兴盛，快速发展，一座座形态各异、内容不同的各类博物馆正在发挥着文化阵地的作用。这是春天的气息，是希望的原野。

2010年后，九江在大文化建设方面投入的资金超过50亿元，资金投入之多，覆盖范围之广，超过了历史上任何一个时期。包括九江市博物馆在内的一大批文化设施相继建成并投入使用，正在发挥着文化阵地的宣传教育作用。让全体人民共享文化盛宴，是对文化自信最好的诠释。文化建设，永远在路上。

市民议事厅——九江需要建什么样的博物馆

"衣食足而知荣辱。"随着经济的发展，人们的物质生活越来越丰富，社会文化生活呈现出了多样性的发展趋势。许多人在精神生活方面有了更多的追求，盛世收藏成了社会的热点话题。

我在博物馆工作多年，又一直从事专业工作，在"收藏热"的大潮涌动下，自然而然地成了新闻媒体追逐采访的重点目标。2000年后，中央、省、市及境外媒体对我进行了多次专访和采访。

作者接受香港亚太第一卫视采访

为了把我想说的话说出来，让更多的人了解博物馆、了解文物，在媒体的不断追逐下，我也适时地把九江馆藏文物所面临的困境与新馆建设问题提了出来。一时间，九江博物馆的新馆建设问题成了街头巷尾的热议话题。博物馆这个"最富有"又"最贫困"的单位也随之成了社会的焦点。九江市博物馆新馆建设问题就是在这个背景下才真正地提上了议事日程。

2005年、2007年，我分别找到时任市委、市政府主要领导，提出了九江应尽快兴建一座真正意义上的博物馆，给文物安个"家"的想法。问题提出后，得到了领导的重视与肯定。但如何建？建一个怎样的博物馆是必须要回答的问题。为了能够兴建一座符合九江市情又能够彰显地域特色的九江市博物馆，我们分别征询了九江文化名人、人大代表、政协委员和文史专家等的意见和建议，请他们献计献策，以集思广益。为把有限的资源利用好，进一步扩大征询面，把好事做好，尽量少留遗憾，2005年10月22日，我们专门请九江电视台无偿做了一期面向社会的专题节目：《市民议事厅——九江需要建什么样的博物馆》。

九江电视台专题节目

    市民议事厅——九江需要建什么样的博物馆

市民议事厅演播现场

主持人：倾听城市声音，感受城市脉搏，共创城市佳话。各位观众朋友大家好！我是李彦俐，很高兴又和大家一起走进今天的市民议事厅。在今天的节目开始之前，我想给在座的九江学院的同学们提一个非常简单的问题，问一下这位朋友，你知道九江有没有博物馆呢？

嘉宾（大学生1）：我不太了解，好像没有吧。

主持人：有没有打听过？

嘉宾（大学生1）：没有。

主持人：不太关注哈。问下这位男士，九江有博物馆吗？

嘉宾（大学生2）：据我所知，在烟水亭那边有一个吧，还有浔阳楼也算一个小型的博物馆吧。

主持人：你觉得这两个地方都算博物馆是吧，你去看过吗？

嘉宾（大学生2）：我去看过浔阳楼。

嘉宾（大学生3）：据我了解，有一个小型的博物馆在烟水亭里面。

主持人：在烟水亭那边是吧，你去参观过吗？

嘉宾（大学生3）：没有。

主持人：平时关注博物馆的事吗？

嘉宾（大学生3）：不怎么关注。

主持人：好，谢谢！由此可以看来，博物馆在普通人的心目中，概念越来越有点模糊了。但是呢，意大利的托斯卡纳文化遗产部的部长曾经说过，"博物馆是一个地方的荣誉"。我们在座的九江人平时可能经常向外地人宣传，我们九江是一座有着2000多年历史的文化古城，但是，当我们回首去寻找那些曾经具有的荣誉的时候，却发现没有多少可以看得见、摸得着的东西去印证它，能让我们更好地去理解和感受它。今天我们就来关注这个有些沧桑的话题，也就是我们九江，像我们这样的城市需不需要一座像样的博物馆。在节目开始之前，首先请上我们的第一位嘉宾——九江市博物馆的馆长吴水存先生。看得出来，吴馆长给我们带来很多宝贝，这是"东林寺乞米罐"是吧？

嘉宾（吴水存）：这件是复制品。

东晋东林寺乞米罐

主持人：如果是真品的话，是什么级别？

嘉宾（吴水存）：经过国家文物鉴定委员会鉴定，它是国家一级珍贵文物。这件乞米罐是当年东林寺的和尚化缘的圣器。"东林寺乞米罐"主要是对东林寺的历史包括宗教文化、佛教文化的研究有它的价值。

商代印纹陶罐

这件陶器是 1975 年在新华书店人防工地出土的商代原始青瓷,基本上考虑是商代晚期的。大家都知道,我们九江建城有 2000 多年历史,这件文物证明其实在商代在我们九江这块地方上就有我们的祖先生息和繁衍,把我们九江的整个文明史拉远了 1000 多年,这对研究我们九江的历史有着非常重要的价值。

唐三彩三足炉

这件是唐三彩，唐代的，基本上是盛唐时的东西。整个在我们江西境内只有我们九江市和瑞昌以及永修出土过唐三彩，其他地方基本上都没有出土过。因为这件唐三彩的三足罐炉在我们整个江西是第一件，而且保存得完好无损，说明中原文化已经通过我们九江特殊的地理环境已经融合进（江西境内）来了。

元代青花塔盖瓶

现在给大家介绍的就是我们九江博物馆珍藏的国宝级的文物，镇馆之宝，它是延祐六年，也就是1319年的。现在国内外收藏的元代青花瓷器有纪年的可能只有60件左右。这就是我们馆的这件元青花。

主持人：它是龙头老大？

嘉宾（吴水存）：龙头老大就不算了。

主持人：在座的专业人士对您的解释比较能够理解，普通老百姓可能就会用比较直观的方式来衡量它——这件物件到底值多少钱呢？

嘉宾（吴水存）：今年上半年有英国伦敦拍卖行拍的一件元代青花罐子，当时估价8000万，最后拍价2.3亿。按目前我们中国艺术品的走势来看，我们这件元青花的价值肯定要超过2.3亿。

主持人：看来九江最有钱的单位是九江博物馆！这还只是带来的镇馆之宝，我想博物馆收藏的宝贝远远不止这些吧？

嘉宾（吴水存）：九江市博物馆从'78年建馆以来，我们通过考古，通过文物商店的调拨，还有征集，各类文物标本统计有10000多件。

主持人：我们非常感谢吴馆长带着这么多东西来，让我们开了眼界，谢谢！那么这些珍贵的文物平时都珍藏在一些什么样的地方，为什么不能公开给大家看呢，让我们一起来看一段短片。

（烟水亭内文物保存状况。）

（播放记者走访现场画面。）

为了一睹九江国宝真容，我们来到了烟水亭内的九江博物馆展览区，展区面积不足300平方米，分为历代陶俑、书画、近代瓷器等五个陈列室。我们寻遍展厅的各个角落，没有看到国宝的踪影。

嘉宾（吴水存）：珍贵文物一定要有安放条件，目前我们在这个方面，由于受到经费的影响，而且安防硬件设施投资比较大，一直没有达到这个条件。现在我们就采取一些比较原始的方法，如采用三把锁，上面、中间、下面各一把锁，这种原始、机械、笨拙的保管方式给日常工作造成了诸多不便，但若遇到犯罪分子作案，则可以起到延长他们的作案时间的作用，使我们能够及时发现。这种局面，公安部、公安局的领导也多次提出要我们整改。

因为无法消除安全隐患，九江博物馆国宝一件都不能展出，此外，烟水亭年久失修，环境潮湿，也对展览的书画、铜器展品造成影响。据了解，自1978年以来九江博物馆一直处于有馆无舍状态。最初办公、库房和展厅设在能仁寺内，还曾经先后寄居在职工宿舍和人民影剧院，最后搬迁到烟水亭。受到展出条件的限制，大量珍贵文物除新中国成立五十周年临时展出过一次，一直处于封存状态，无法向公众展示。

主持人：特别要介绍一位朋友，就是我们九江市文化局的原副局长田祥鸿同志。他是我们九江博物馆的第一任馆长，对我们博物馆的整个情况都非常了解，刚才短片里介绍了一下，说博物馆在建馆之初就寄居在能仁寺里，后来也一直搬迁。难道我们的国宝就一直这样居无定所吗？

嘉宾（田祥鸿）：我们九江市博物馆是1978年在原来文艺站、文物陈列室的基础上成立起来的。从成立那天起，就是一个有博物馆的建制而没有博物馆的馆舍的所谓有馆无舍的单位。开始寄生于寺庙，后来又安家于庭舍，最后在烟水亭一蹲就蹲了20多年。

主持人：通过刚才的情况我们对九江博物馆的现状有了一些了解。这些文物如果不展示出来给大家看，仅仅放在库房里可以吗？

嘉宾（谢亨）：历史文物有两大功能，就是资政和教化。我们九江长期的有馆无舍，历史文物至今躺在仓库里沉睡，无法发挥它的作用，这是很可惜、很遗憾的事情。

主持人：您的意思就是九江应该建一个配得上这些文物的一个好的博物馆？

嘉宾（谢亨）：对。

主持人：谢谢！

嘉宾（梁明）：现代社会当中，我们感觉学生比较普遍地缺少民族沧桑感，比较普遍地缺少历史的严肃感，也普遍地缺少地方文化根的感觉。作为一个教育工作者，我认为这种思想现状是令人担忧的，也就是说，当代教育加强地方历史文化的教育是紧迫的任务。我认为在这个时候来谈九江为什么要建博物馆、展示馆藏文物，至少在实现教化这个功能上是非常有效的，也是一种弥补。

嘉宾（吴圣林）：从考古资料来看，九江在6000多年以前就有人类在这里生息繁衍，历史的沉淀非常丰厚。博物馆的功能，对外是个窗口，外国人、外地人来九江，要了解九江，必须要通过这个窗口来了解；对本市市民来说，是个课堂，起到教化作用；对搞专业的人而言是个学术中心，应该成立一个学术中心。因为综合博物馆不仅可以陈列九江历史文明的物证，同时还可以展示其他方面，接纳一些外地来的陈列展览，丰富人民的文化生活。目前我们九江还没有一个像样的博物馆，更别说综合馆，这跟我们这座城市的形象、地位是很不相称的，与人民的生活文化需求也是很不匹配的。所以我希望不但要建一个综合性博物馆，而且有条件的文保单位也可以建专题性博物馆。

主持人：刚才各位朋友的建议都是说九江应该新建一个规模像样的综合性博物馆，这些建议，我想那些来自九江市博物馆的工作人员是最愿意听到的，因为这些都表达出他们的心声。那么下面我们请出第二位嘉宾，也就是我们九江市博物馆的书记汪建策先生！

建一座像样的也就是现代化、能够跟文物配套的好的博物馆，一直是您的心愿吧？

嘉宾（汪建策）：对。九江作为历史文化名城，要不要一个博物馆，这个回答是肯定的。这个问题实际上是给我们这个城市定位的问题。九江是个什么样的城市？

我个人理解,它就是一个山水城市,由山水城市衍生出它的宗教文化、军事文化、商业文化和近代文化。因此,把这几千年来所形成的九江本土的这些文化展示给社会,传承这段历史,靠的就是博物馆,因为博物馆是最好的载体,所以九江一定要建一座能够反映九江几千年历史的这么一个博物馆,这就是我的心愿。

作者在市民议事厅演播现场回答提问

主持人:有没有简单地勾画一下你的蓝图?

嘉宾(汪建策):建设一座能够和我们这座城市发展相匹配的博物馆设施,从数字上来讲,它的规模应达到 40—50 亩的占地面积。为什么要建这么样的规模,因为博物馆自身的功能就决定了对场地的要求;它的高度,按照博物馆建筑的要求，控制在20米之下；它的层数控制在三层以内。这就是基本的构想。它的外形要有古香古色的味道，实际上就一句话，老房子新空间，把现代文明带入到博物馆的陈列当中，让古代文明和现代文明有效地结合，这是我们基本的构想。

市民议事厅演播现场

主持人：说到他憧憬的时候，他非常开心。但是对于普通市民，像在座的这些大学生，他们对这个话题有些漠然。那么，我们现场做一个调查，你认为在九江目前这样的城市，需要新建一座这样规模像样的博物馆吗？如果需要大家举手示意。大部分都举手认为需要一个像样的博物馆。但是在怎么样建博物馆方面，大家有没有不同的观点，下面请一位市民代表。

一路走来

嘉宾（郑光中）：首先，我认为九江市肯定是需要一个博物馆，现在没有能力、没有财力建博物馆，就是这样一个矛盾的问题。8月份的时候，我随着《再说长江》摄制组沿着九江的文化遗产线路拍摄。

主持人：你当时把他们带到哪去了？

嘉宾（郑光中）：首先带到了原来的美孚石油公司，他们一看，这建筑很有特色，南昌根本找不到的，他们觉得很惊奇；再就是闽赣供应站，这个地方保护得还比较好；后来到了亚细亚洋行，在金鸡坡这个地方。

主持人：带的这几处地方得到了《再说长江》摄制组的认同吗？

嘉宾（郑光中）：他们很认同，认为这是真枪实货，无价之宝。他们说"我们不愿看北京、上海的霓虹灯，高楼大厦，愿意看这些破破烂烂、没有修好的东西"。我们把它们当草，他们却把它们当宝。

主持人：这就让你想到了我们九江人，对我们的文化，对我们的文物，对能够印证我们历史的东西，应该有一个更好的态度。你对博物馆的建设，你说我们需要但又没有能力建，有没有你的好的建议？

嘉宾（郑光中）：博物馆的生命力在于它是古代文化和现代文化的结合点，这是关键问题。现在的博物馆以国家投资为主，我认为博物馆除了国家投资以外，还可以企业或事业来投资，比如说民营博物馆。

主持人：民营博物馆可以代替综合博物馆吗？

嘉宾（郑光中）：那是不可以替代的，因为我说的是在没有钱的情况下，就先把小型的博物馆办好。

主持人：您的意思就是说不要大规模地建新房子做博物馆，可以利用一些旧址。对他的观点您（汪建策）有什么看法？

作者在市民议事厅演播现场回答提问

嘉宾（汪建策）：我认为有没有钱这个问题是一个相对的概念，比如说共和国成立之初，共和国的政权可以说是百废待兴，但北京的十大建筑就有两个是博物馆，一个是中国历史博物馆，一个军事博物馆。就是说一个城市有没有钱是一个相对的概念，九江要建一个博物馆，几千万块钱没有吗？不至于拮据到这种程度。

嘉宾（郑光中）：我的观念不是这样的，我认为先保护为主，连老九江的东西保护都没保护好，就建新的博物馆没意思。

主持人：你们两个情绪先平复一下，不要争得太激烈了。在座的也有很多从事文物研究的朋友，大家都有一些意见，都有一些不同的看法。那么我们来问一下，对于他们的观点，你有些什么样的意见呢？

嘉宾（刘堂鑫）：我是东林寺文物管理处的处长。建博物馆这个议题议得太晚了，这个事情讲得很心痛，怎么现在才来议博物馆的事呢，这应该是早20年或30年、40年来谈这个事情，作为九江市民有点羞耻。我举个例子，我是在东林寺靠和尚吃饭的，我们那来了个和尚是个教授，正牌教授出家的，一去就找了我这个老头子，说"你懂得文物，就建一个博物馆吧"。我一去就把博物馆建起来了，建了之后我们从东晋一直到现代的文物有的是，特别是唐代有准确纪年的文物有八大件，叫"盛唐八品"。

我讲一个故事。去年来了一批日本和尚，80多位，浩浩荡荡地在东林寺哪都不停留，后来就说东林寺没有什么看头，全部都是现代建筑。再后来有人跟他们说，你们找那个老头，他有文物。他们一到我这来，我就给他们看"东林寺乞米罐"照片，就刚刚那个罐子，放了很大一张照片。我讲"这个就是我们慧远时代，1700年前的一件文物"，哎呀，那些洋和尚全部都跪下磕头，他们也是净土宗，慧远大师也是他们的祖师。我说这个问题想表达的就是，建博物馆不是钱的问题，而是重不重视的问题。

嘉宾（大学生4）：刚刚给我的家乡发了信息，我的家乡在山东陶家庄，那里的每年国民生产总值20亿，那里的纪念馆占地40亩。九江市的国民生产总值，据我了解2004年是356亿，相较我们是十七八倍，但是为什么我那能建得起来纪念馆，而我们却在这争议九江建不建得起来。我觉得就是刚刚前辈所讲的是否重视的问题。

嘉宾（夏荣强）：我是拥护派，拥护建博物馆。刚刚刘老谈的态度问题，这肯定是一个很重要的因素，那么郑老师提出的人民币的问题肯定也是一个很重要的因素，这两个因素缺一不可。我明确表态不能把商业气息搞得太重，否则必然会出现很尴尬的局面。比如说工人文化宫，它是国家的也是公益的也是文化的，现在是什么局面不用我介绍；我们的少年宫，现在面临着很尴尬的局面；包括建成的图书馆，地下成了卖场。为什么会走到这一步，那人民币肯定是一个问题，那么我就认为我们要建综合博物馆，千万要注意这个问题。你们跟图书馆是兄弟单位，能不能把你们的经费投到图书馆，图书馆作为过渡，搞一个像样的展厅。

主持人：你是说过渡的时候用一下熊馆长的地盘。

嘉宾（夏荣强）：对。那么图书馆问题也解决了，也不用上面搞图书馆，下面卖家具。

主持人：他们对您那卖家具提出了好大的意见。

嘉宾（熊学明）：刚刚那位先生说到了，我们那里现在面临着很尴尬的问题，原定的是停车场，现在是家私城，家私城我们租给他们用，他们提供给我们图书馆必需的运营成本。因此，我们必须建议我们的同仁，在考虑博物馆建设的时候，我的意见是首先建历史博物馆。博物馆是国家主办的公益性单位，政府应责无旁贷地去完成这个任务。那么在搞这个规划的时候，借鉴九江图书馆的建设过程，我们的体会是要充分考虑今后的发展问题。建起来之后，政府能不能保证资金的投入，如果我仅仅是满足大家借书还书，今天我连电费都负担不了。现代的社会是多样化的社会，人们对知识的需求有各种方式，他不仅看书，举办的展览会、报告会，市民很欢迎，那么就达到了传授知识的作用。所以我们在建博物馆的时候，也不仅仅要考虑馆藏能够展示，同时要考虑到它今后的运作空间，不能完全依靠政府的投入。

嘉宾（梅新开）：博物馆是一定要建的，建起来之后，要避免一些尴尬的局面。我出差在外，第一件事就看博物馆，但是我看很多博物馆，包括乌鲁木齐、安庆的，每次就我一个参观者，但是在上海搞得就很好，上海那个博物馆投资6亿，我从早上开门就进去，到晚上关门才出来，里面人山人海，它的馆设是目前国内一流的。

主持人：你提出一个新的问题，这个是目前，甚至是世界博物馆面临的一个尴尬，就是门庭冷落车马稀。

嘉宾（梅新开）：但是我们九江肯定要建一个博物馆，但是怎么建呢？我个人有个这样的意见，要官、民、商结合。官就是国家的馆藏文物，建一个博物馆搞一个展厅，把吴馆长说的这些宝贝轮流拿出来展示；民就是民间收藏，把博物馆周边搞成收藏品市场；商就是在博物馆周边搞几个地方性的小展厅，比如书画、陶瓷、瑞昌剪纸，这些有地方特色的展厅长期展出。

主持人：他支持你建博物馆，可以，你要腾块地方给他，要给民间收藏一块生存的空间，当然这是开玩笑。

嘉宾（梅新开）：三合一有什么好处呢，就可以打造一个九江新的旅游开发项目，也可以带动九江的经济发展。

嘉宾（大学生5）：目前九江市的博物馆，很遗憾，我没有去过。我认为不是我不想去，其实我很想去，但是我不知道在哪，不知道怎么去，去了之后会有什么收获，我觉得像同学所说的这是一个宣传的问题。

主持人：不但要建，建成后的宣传也是很重要的。

嘉宾（大学生6）：我认为这个问题可以分开来想一下，我在上海、北京也看过很多博物馆的展览，我谈一下自己的看法。在建好博物馆的基础上，我们可以大胆地走出去，引进来，就是使有九江特色的好的东西走出去，把外面好的东西引进来，我相信不可能没人来看的。

嘉宾（邹德庸）：我是来自九江学院的，我是主张派，主张建博物馆。首先珍贵的文物没法展示，我们要解决这个问题；第二我不建议建没有地方特色的一般的博物馆。在俄罗斯每个城市都有博物馆，我也看了很多历史博物馆，都是革命战争博物馆，走到哪都是枪炮子弹，我作为一个外国人没多大兴趣，看一个就够了。那么我们九江，我认为我们忠于博物馆事业发展，我们九江要建一个在全国都拿得出来的。另外我们九江应打开区域界限，铜岭的古铜矿遗址，就是瑞昌那个遗址，有3300年历史，世界上目前只有奥地利和埃及的比我们早，这个在中国目前发现的古铜矿冶场中是最早的。

主持人：也就是说博物馆要用地方特色打响自己的品牌，同时目光应该面向世界，对吗？大家在一起讨论得有点激烈，气氛有点紧张，我们来轻松一下，我们请出这位非常漂亮的陈琴女士。可能是因为故乡情结，又从小是听着爷爷的山歌长大的，她一直致力于收集武宁的打鼓歌，先让大家欣赏一下。

嘉宾（陈琴）：我的爷爷他们那代人会唱打鼓歌，那是一代一代传下来的，已经有1700年的历史，现在只有70多岁到80多岁的老人才会唱打鼓歌。打鼓歌是在劳动的时候，比如在挖茶山的时候唱，又叫催工鼓。一鼓催三工，有鼓声和歌声相伴，一天的劳动可以当得上三天的。打鼓歌已经被选入全国高等院校的教材，在中国的音乐辞典里也有打鼓歌，保存得最完整的就是在武宁，现在正面临着流失的危机。

主持人：我们请来自武宁的陈琴为我们表演一段打鼓歌。

嘉宾（陈琴）：（演唱打鼓歌。）

主持人：刚才陈琴给我们表演的也算一种文物吗？

嘉宾（汪建策）：从博物馆的角度来看，应该纳入到博物馆挖掘、整理和传承的范畴，至少我个人是这么认为的。由于它长期以来是靠着人传、口授这种方式，随着时间的消移，它逐步地退出历史舞台，但这些东西非常宝贵。刚听了陈女士的演唱之后，如果说她是为了这个文化做个好事，我觉得这个评价太低了点，这应该说是一件功德无量的事情。我个人是这么认为的。那么在整体规划上，我们就有这样一个部分，赣北民俗风情区。建一到两座古戏台，包括武宁的打鼓歌、湖口的青阳腔，就可以在古戏台上传承，这是最好的形式。还有就是刚刚那位先生说的怎样避免尴尬的问题，怎样运作的问题。现在我们九江本身这种民俗、民风的东西非常多，但是现在就是没有这样一个平台让它们进行展示。作为博物馆，就可以构建这样一个平台，作为一个载体将它传承下去。

主持人：九江要建一个什么样的博物馆能避免一些尴尬？

嘉宾（郑光中）：首先我还是认为是钱的事，如果万一没有钱怎么办，还要不要办？我说还是以保护为主，现在这样风吹雨打让它坏，许多文物让它淋雨也很心疼。

主持人：为郑老师的执着精神鼓掌。现场的朋友们对于怎样建一个好的博物馆还有什么好的见解？

嘉宾（潘治富）：我们九江是个历史文化名城，要宣传九江，要扩大九江的知名度，要建一个能够作为九江的立体名片这样的博物馆。要总体规划，分步实施，我们现在政府能够拿多少钱出来我们就建一个什么样规模的，然后逐步完善，最后形成一个在我们九江人认为值得骄傲的一个博物馆。

嘉宾（邱永生）：先建一个，打出我们九江博物馆的名称，这个名称就是说像长沙的马王堆博物馆那样，去那里游山玩水是表象，真正的内涵深沉的就是文化和历史。所以我主张建一个名称比较好的，代表九江特色的博物馆。建一个博物馆要有前瞻意识，不要建好之后，符合现在的水平，然后又淘汰了，又来建新的，这样更浪费钱，我们要考虑到5年、10年，甚至更长时间，这样的话，这座博物馆就成为代表九江的一张历史名片。

嘉宾（大学生7）：大家刚才讨论了关于建这个博物馆的问题，那我就有一个设想，可不可以建在庐山牯岭镇？如果建在庐山的话，那里拥有的入门人数可能会更多一些，因为很多外来旅游的人都是冲着庐山来的。

嘉宾（吴圣林）：比方说台湾银行，日本领事馆，就是现在的社联，港口那块地方，把它腾出来，作为九江人民租界纪念馆，不是很好吗，又不花多少钱，而且在原址上建又有意义。我们中国没有租界博物馆，这种想法是可行的，并且不用花很大的代价就能完成的。

嘉宾（夏荣强）：现在我们要做的是把现在不能展出的又很有价值的，可以先做一个网上博物馆，就解决了拥挤的问题，并且还可以引导小孩子上网不只是玩游戏，还可以学习，了解九江的历史文化发展。

嘉宾（段勤刚）：我还是赞成面积大一点，朝着文化产业园区的方向建设。在博物馆建设的过程之中，要注意对现在的社会、政治、文化的精品的收集，为我们的子孙留下一些东西。

主持人：今天我们大家一起神游和畅想了我们九江未来的博物馆，不知道在座的各位是不是有收获。我想可能很多人还没有尽兴，还有很多真知灼见没有说出来，有关这个话题的讨论不会终止于今天，因为有人说过，"没有博物馆的城市是一个贫穷的城市"。博物馆是历史发展的见证者，也是一个城市独特的文化标志，那么九江到底需有一个什么样的博物馆，在座的还有电视机前的朋友们可能还有想法，你们可以继续通过登入九江电视台的网站进行话题讨论，再次对大家的到来表示感谢，谢谢大家！

播出时间：2005年10月22日

40分钟的节目播出后，产生了积极的效应。2006年12月14日，《浔阳晚报》以"'鸟巢'式博物馆将落户浔城"为标题，对即将动工兴建的市博物馆做了报道。新馆拟选址于长虹大道南湖公园南大门东侧，占地面积11亩，总建筑面积1.2万平方米，拟建成九江又一标志性建筑。

天津大学建筑设计规划研究总院设计的九江市博物馆效果图

这是一则令人振奋的消息，几代文博人盼望已久的新馆建设终于有了着落。然而，正当我们满怀信心准备大干一番的时候，市委主要领导调到省里，履职新岗。人事变动，导致了博物馆建设工作的搁浅，我隐隐预感到新馆建设有可能将进入一次缓冲期。事情的发展如我所料，不想看到的局面还是不期而至了。

市委主要领导调整后的 2007 年 6 月 3 日，我找到新任市委主要领导，汇报了有关博物馆的事。在了解了博物馆的基本情况后，6 月 6 日下午市委书记率市政府分管领导，市委宣传部、发改委、财政局、土管局、建设规划局等相关部门负责人来到博物馆（烟水亭）进行专题调研，决定再次启动新馆建设。在大家的建议下，新馆选址在庐山区（现濂溪区）螺丝山（现南山公园处），拟划拨 30 亩用地作为馆址用地，书记要求有关部门尽快规划，尽快设计，尽快实施。

　　也许是好事多磨吧！当一切准备就绪，新馆建设只等下达开工令的时候，市委书记调职履新，离开了九江，博物馆建设项目再一次停了下来。经过一而再再而三的折腾，我不知所然，便有感而发：既然我们没有能力给祖宗的遗物安个家，还不如让它们在地下多睡几年……

　　新馆建设翻来又复去，似镜中花、水中月，可望而不可及，但"咬定青山不放松"的决心我一直没有动摇过。我深知开弓没有回头箭，一旦停歇下来，再圆新馆建设梦将不知何年何月！所以，我自己鼓励自己要坚持、坚持、再坚持！其间，新闻媒体的呼吁、支持也是保持新馆建设话题热度不减的重要因素。仅 2005 年至 2015 年的十年当中，九江新闻媒体对九江博物馆的宣传报道就有数十篇之多。在此，我手捧一束由心田深处盛开的鲜花，献给一直以来关心、帮助、支持九江文博事业的记者朋友们！

2005—2015年新闻媒体对九江文博工作宣传报道简表

媒体名称	标题	报道时间	版次
浔阳晚报	九江国宝"养在深闺人难识"——如何发挥文物的社会价值，欢迎读者发表看法	2005.9.15	A2版
浔阳晚报	市民踊跃建言——九江应早圆"博物馆"梦	2005.9.16	A2版
浔阳晚报	九江人将圆博物馆梦——馆址选在南山公园新大门旁	2006.6.7	2版
浔阳晚报	九江博物馆设计方案敲定	2006.7.11	A2版
九江日报	九江历史文物将有个"家"	2006.7.12	1版
九江日报	丰富历史人文内涵，彰显历史文化特色	2006.11.12	1版
浔阳晚报	"鸟巢"式博物馆将落户浔城	2006.12.14	A2版
浔阳晚报	市博物馆新馆方案浮出水面，将成为党代会和"两会"后我市实施的第一个城建项目	2006.12.21	1版
九江日报	打造文化旅游精品，着力提升城市软实力——市委书记调研市博物馆等文化旅游项目建设时强调	2007.6.8	1版
长江周刊	九江博物馆呼之欲出	2007.6.15	1版
九江一周	"难产"的九江博物馆	2009.6.11	5版
九江日报	九江国宝期待绽放异彩	2010.4.14	3版
九江日报	网民热议九江国宝现状，市民渴望目睹国宝真容	2010.4.27	5版
九江一周	汪建策：三十年风雨文博路	2010.4.30	6版

续表

浔阳晚报	九江最大文化工程启动"市博物馆"1.2亿元	2010.6.10	2版
长江周刊	九江博物馆"5·1"端出文化大餐	2012.4.20	3版
浔阳晚报	九江博物馆获"全国十大陈列展览精品奖"	2013.7.16	3版
长江周刊	九江博物馆离"城市文化客厅"有多远	2013.7.26	1版
九江日报	痴心文博终不悔——记市博物馆馆长汪建策	2013.8.10	2版
长江周刊	汪建策"四书"涉史	2014.9.12	2版
浔阳晚报	百余名小记者参观市博物馆	2015.10.20	20—21版

备注：简表统计仅限于九江地方报刊对九江市博物馆新馆建设及馆藏文物如何发挥应有作用的报道。网络、电视及省、中央各媒体报道未统计在内。

圆梦的五年——九江博物馆新馆建设过程

2005年、2007年两次九江市博物馆的建设项目，都已经进入到了实施阶段，终因市委主要领导的工作变动等原因而停滞了下来。

博物馆的建设问题似乎又回到了原点。

对此，我不甘心，不死心，抱定了不达目的不回头的想法，坚信只要心诚石头也能开出花来，鼓励自己一定要坚持下去。在新一届市委、市政府主要领导到任后不久，我便借"5·18国际博物馆日"的宣传机会，找到《九江一周》报的记者，介绍了九江市博物馆的基本情况，说明了新馆建设的迫切性和必要性，请他们帮忙呼吁一下，促成问题的尽早解决。在了解了基本情况后，《九江一周》于2009年6月11日，以《"难产"的九江市博物馆》为题，对九江市博物馆的情况做了大篇幅的报道。

《九江一周》专题报道

"难产"的九江市博物馆

2009年5月18日，是主题为"博物馆与旅游"的第31个世界博物馆日。作为江西历史文化名城的九江，在不足1600平方米的烟水亭内，数千件代表其2200多年历史的文物公开"展览"。这已是这批文物"借居"烟水亭的第22个年头,然而九江市博物馆"有馆无舍"的状态,还应从31年前开始算起。

其实,九江博物馆的馆舍建设问题的提出可追溯到2002年的《政府工作报告》。以2006年5月20日九江市规划局下发《江西省九江市博物馆建筑方案设计招标》为标志,博物馆建设被提上议事日程。当年12月,有媒体报道《我市博物馆新馆方案浮出水面》,博物馆馆舍建设舆情鼎沸。因兴建九江市第一家博物馆,2008年九江市房产局颁发《2008年05号房屋拆迁许可证和拆迁公告》,这是目前所能搜集到的关于兴建九江市博物馆的最近一条消息。而博物馆的选址也由最初的"火车站附近"改迁到"庐山区十里"。

作为中国十大魅力城市、中国优秀旅游城市之一的九江,何以从1978年博物馆机构成立以来,连续7年,《政府工作报告》中关于博物馆的建设年年提?何以从2006年规划建设博物馆至今,三年"举步维艰"?"难产的"九江博物馆,千呼万唤未出来。

"起了个大早　赶了个晚集"

说起九江市文博事业的发展,用九江市博物馆馆长汪建策的话说,那是"起了个大早,赶了个晚集"。

相对于国内设区市在"80年代,甚至90年代初才设立博物馆"来说,1978年成立九江市博物馆不可谓不早。

然而31年过去了，市博物馆依然"有馆无舍"，44名在岗员工每年只有5万元业务经费的资金支持，文博事业发展举步维艰在所难免。

"不要说在全省，就是在全国设区市中，我们的起步都是较早的！"汪建策不无感慨地说，"但30多年过去了，根本不敢提在全国，就是在全省的设区市中，虽然还不至于到垫底的地步，但也所差无几！"

作为江西历史文化名城的九江，无论是从地面历史文化遗迹，还是地下出土文物来看，都是一个文物大市。文博事业发展在"底子薄、任务重、困难多"的状态下，全市的文物普查、搜集、保护、宣传等方面的工作都走在全省前列。

已从事文博事业30多年的汪馆长，回忆起20世纪80年代的博物馆工作，激动之情溢于言表："那时只要听说哪里发现了文物，我们都兴奋地摩拳擦掌，心里只想着怎么把文物整理保护好，工作与生活的艰苦也顾不上了！"

20世纪80年代是九江出土文物的一个高峰时期，一方面是因为受"文革"影响，大量基建工程滞后开工建设，另一方面当时民众对"一切文物属于国家"还记得非常牢。私盗私挖、贩卖文物等现象在九江还不算猖獗，一旦施工有文物发现都非常积极主动地上报，而且文博人员在普查、搜集文物时，民众也很配合，很乐意把文物捐献给博物馆。

正基于此，九江市博物馆获得了一大批珍贵文物，发展到现在已经有馆藏文物1万余件（套），其中绝大部分文物都是"上了等级的"，"可以说在全省设区市中，文物收藏方面九江是相当丰厚的"。博物馆中珍藏的有相当价值的文物和自然标本就达千余件，其中元代青花牡丹纹塔式盖瓶、元代"江西等处行中书省烧钞库印"、东晋"东林寺乞米"铭罐、唐代青铜灯、南宋酱褐釉如意枕、商代原始青瓷蝶形纽云雷纹罐等文物弥足珍贵，堪称国宝，深受海内外文物考古专家和文物爱好者的青睐。

九江市博物馆成立后，文博工作人员先后在全市进行了3次大规模的文物普查工作，发现和保护了一批重要文物，也记录和珍藏了一批已经湮灭的文物。像原英租界内的小巴黎圣母院、新桥头的铁桥、和中广场的牌坊等被拆毁文物，如今也只有在博物馆文物普查的相关册子中才能看到它们的影像。全馆工作人员，还在全国文博专业刊物上发表了一批有学术价值的论文、发掘报告，并出版了《九江出土铜镜》《九江史话》等专著。

令人担忧的文物保护现状

享有"三江之口，七省通衢"美誉的九江，早在公元前221年左右就隶属于秦三十六郡之一的九江郡。发达的水陆交通使具有2200年历史的九江成为军事重镇及商业、文化交流中心。九江的历史文化遗迹、出土文物在全省名列前茅，在全国也具有较高的地位。

一路走来

作为文物大市的九江,近年来在文物发掘与保护上明显跟不上时代步伐。"文物盗掘、流失情况触目惊心,"汪建策痛心疾首地说,"每一次接到施工工地报告发现古墓,急急忙忙跑去,十有八九都是被盗掘了。"

说起前不久在十里河整治过程中发现的那座古墓,汪馆长半开玩笑地称"还算仁慈,给我们留了几件文物"。除了民间的盗掘盗挖外,没有规划性地发掘也成为我市目前文物保护工作的一个瓶颈。目前发掘一处文物点少则花上几千,多则数万,这对于年经费只有"5万元"的博物馆来说实在"力不从心"。

因为是没有规划性的发掘,只能是"救火式"的抢救性的发掘,哪里进行施工,哪里发现了文物,然后火急火燎地赶过去整理、发掘,"这样的发掘,已经基本没有价值了,不是考古专业的人,不懂"!汪建策还说,"譬如一座古墓出土了文物,如果施工方已经把墓穴破坏了,文物也被移动了,考古人员无法做最初的文物情况登记,而每一件文物摆放在什么位置都与当时的风俗文化有关。文博人员不是把出土文物抱回家就完事了,而是要去研究背后的为什么"!

文物发掘与保护是属于公益性事业,是需要政府大力支持的,但对经济欠发达地区的地方政府来说资金短缺、投入不足,又是一件"力不从心"的事情。所以像文化馆、图书馆、博物馆之类市民进行精神文化活动的重要场所，事业发展往往处于一个尴尬的地位。

由于九江市博物馆目前仍是"有馆无舍"，所以大部分出土文物依然封箱放在库房，有的文物甚至是"刚出土"就"又进箱"，用"永不见天日"来形容一点也不为过。殊不知"封箱库存"是出土文物最下策的保护方式，由于出土文物需要及时造册登记、修复研究，所以对空间的光线、温度、湿度都有特定要求，因而博物馆专门用于文物保护与研究的库房才是出土文物最恰当的存放地点。对于九江市博物馆的工作人员来说，每天都小心翼翼地保管着价值数亿元的宝贝，生怕这些珍贵文物因为条件所限，没有场馆保存，遭到破坏甚至遗失。记者在文化局办公楼一间狭小的房间里看到了堆放在一起的一大批文物箱子，殊不知这里就浓缩了九江 2200 年的历史，想必外来九江观光的游客是做梦也想不到，更看不到的。

"你们有时间去看看《谁在收藏中国？》这本书，里面有关于九江文物保护现状的文章，那是触目惊心，一言难尽！"汪建策说。

"举步维艰"的博物馆建设

当省内新余、赣州、景德镇等地市掀起第二轮博物馆建设的高潮时，作为江西历史文化名城、江西文物大市的九江，还在为改变"有馆无舍"的尴尬状态而焦灼万分。

用百度打出"九江博物馆"的词条来搜索，位于相关网页前几名的条目基本都是追问"九江博物馆到底在哪里",记者在九江论坛上也看到网友"日出东方"挂出的《九江博物馆,你到底在哪里?》的帖子,文章列出了从2002年到2008年,九江历届《政府工作报告》中提到的关于九江博物馆的建设的文段,并发出"九江博物馆的地址一变再变,九江博物馆,你到底在哪里"的质疑。

记者就"新博物馆建设"的议题随机调查九江市民。除部分称不知道外,绝大多数人认为"这么大一个市,连个像样的博物馆都没有,太难接受了,如此状况与城市建设发展一点都不协调"。还有一位较真的孙先生说:"什么叫新博物馆,九江市本来就没有博物馆,烟水亭那叫博物馆么?烟水亭和博物馆是两码事!'争得九江应有地位'既要争得九江应有的经济地位,还要争得九江应有的文化地位,作为文化建设重要组成部分的博物馆建设应尽快列入政府的议事日程上来!"

外来参观的游客想了解九江的过去和现在不只是去看高楼大厦,还要去博物馆。杭州曾在2005年"五一黄金周"做过一次测验,免费开放文博机构。调查显示来杭游客平均多滞留三天,从而拉动的旅游经济更是数以千万元计。博物馆不仅是源远流长的地方历史的重要见证,还是市民丰富精神文化生活的重要场所,更是城市发展设施的重要组成部分。

谈及我市博物馆舍建设,汪建策向记者谈起了2007

年带着156件国家三级以上陶瓷文物前往东莞博物馆参展的事情。原来，在2007年11月，"土与火的文明——九江市博物馆馆藏陶瓷精品展"在东莞市博物馆开展，历时20天。这场展出轰动了整个珠三角，于是不少博物馆纷纷慕名要"借展"，甚至有博物馆提出可否"文物交流"。按照国家关于文物的相关规定，博物馆之间可以进行文物的馆际间交流，这种交流通俗的解释就是"馆际购买"。

汪建策听此，脸一沉，毫不犹豫拒绝了有此念想的博物馆。好多人说他死脑筋，随便"交流"一件文物都是几十万、上百万，有的文物其收藏价值可达数千万元。有人说，文物用于交换，文物还在国内，又不是卖给外国人，何乐而不为。"文物有出土地属性，九江的文物是属于九江的，不是博物馆的，也不是我们这代人的。我就有一个念想，九江早晚会有博物馆的，我不想做这样的'罪人'，被后人戳着脊梁骨骂！到时候有了博物馆，却没有文物可展示！"

建馆31年，有馆无舍的九江博物馆，市民期盼："千呼万唤能出来！"

（记者赵雪浩）

消息见报后，市领导高度重视，并找到市文化局长说："我查了几年的《政府工作报告》，都说要建博物馆，但都没有落实。这是我们欠了九江人民的账，这个账一定要还。你让那个馆长写一个建馆方案,新馆选址在哪里,建多大规模,需要多少资金,越详细越好。"有了领导的指示,我的热情再次被点燃起来,于是,开始全身心地投入到了这项盼望已久的工作中来了。

根据九江城市发展规划的方向,在充分调研的基础上,我们提出了将新馆选址于八里湖胜利岛(上洲岛)的建议。理由是:其一,市委市政府提出了"两区互动,强工兴城,从两湖(甘棠湖、南门湖)时代走向八里湖时代"的城市发展方略,八里湖新区作为未来九江的中心区域,应该要有代表性的文化设施作支撑。其二,胜利岛位于八里湖中,现有面积112亩,地理单元独立,将博物馆建在岛上能够打造出别具特色的自然与人文空间。其三,八里湖西岸是"寻阳古城"所在地,20平方公里的湖面充分体现了赣北居民亲水的文化特性。九江,是一座因水而生,由水而名的城市。这是我们选址胜利岛的基本想法。为了把工作做实,得到领导的认同,建议提出后的7月21日,我又以一名馆长和文博专业人员的名义给市委书记钟利贵、市长曾庆红写了一封信。

尊敬的钟书记、曾市长:
你们好!
三伏盛夏,冒昧地奉信于你们,实感忐忑,但又不能不说。

我叫汪建策，现任市博物馆馆长。作为一名有着30年文博工作经历的专业人员，我亲历了九江文博事业的发展过程，也目睹了作为经济欠发达地区九江文博工作的艰辛。

30年前的1978年，九江成立了博物馆机构，这在全国同级市中都算较早的。几十年来，我们通过考古发掘、民间收购、社会征集等方式，共收藏了近万件（套）历史文物和革命文物。其中商代蝶纽印纹陶罐、"东林寺乞米"罐、南宋江州钱牌、元代烧钞库印、元代青花瓷瓶、清代粉彩腰形大盘等几十件文物被定为国宝级珍品。这些文物分别收录于《中国文物精华大辞典》《吉州窑》《中国古代陶瓷》《中国历代景德镇陶瓷》《元代瓷器》《尘封瑰宝》等大型文物图录和文献中。元代青花缠枝牡丹纹瓷瓶被日本收入中学教科书中。正是有了这些光彩耀人的珍贵藏品，九江市博物馆被国家文物局确定为全国重点博物馆。然而，在这些令人欣喜和骄傲的同时，我们却又不能不看到九江市博物馆尴尬的一面，就是九江馆一直是处在一个有馆无舍的状态，至今除烟水亭1700平方米地方作为博物馆的陈列开放阵地外，近万件（套）历史文物仍存放在两间不足100平方米的临时库房内，除安全问题令人担忧外，文物很难发挥应有的宣传作用。

今年6月25日市委办公厅下发了《关于近期重点基础设施项目实行市领导分工负责有关事项的通知》(九办字〔2009〕81号)文件,将市博物馆选址及设计方案列入了全市35个重点项目之一,这充分说明市委、市政府对博物馆建设是非常重视的。6月30日至7月2日,我随程来安主席、冯静部长专程赴绍兴、扬州两地,对博物馆建设工作进行了专题考察。回浔后即时形成了专题考察报告,并对我市博物馆选址及建设方案提出了建议。7月15日我又随冯部长到八里湖新区胜利公园等处进行了选址实地察看,并把选址意见形成了文字材料,今一并呈上。目的是想能够把选址尽快确定下来,让新馆建设工作进入到具体实施阶段。

7月10日,省发改委下发了《关于下达抢救性文物保护设施建设2009年第四批扩大内需中央预算内投资计划的通知》(赣发改社会字〔2009〕1238号)文件,国家拨专款210万元作为我市博物馆库房建设的配套资金,随着国家扩大内需政策的深入,对公益事业的投入也会逐步增加,这是博物馆建设发展的大好时机。

尊敬的钟书记、曾市长,我已是年过"知天命"之年的人了,对文博工作有着较深的感情。希望在市委、市政府的领导之下,把九江博物馆建设起来,让近万件（套）珍贵文物有一个安全的栖身之地，发挥它们应有的作用。

以上言辞，如有不敬之处，还请海涵。随信寄送拙著一本，敬请教正。

顺颂台绥

九江市博物馆
汪建策
2009年7月21日

在市委、市政府的高度重视下，在社会各界的关心支持下，九江市博物馆新馆建设项目终于步入了有序推进、迅速发展的快车道。

2009年8月4日，中共九江市委、市政府办公厅以"九办字［2009］106号文件"形式下发了《市委办公厅、市政府办公厅关于成立九江市博物馆建设工程领导小组的通知》，专门成立了市博物馆建设工程领导班子，市委常委、宣传部长任组长，市文化局局长任副组长，发改委、财政局、审计局、国土局、规划局等相关职能部门作为成员单位被列入领导小组，确保了工程建设的顺利推进。之后，为了有效地推动工作，市文新局专门成立了"九江市博物馆工程项目办公室"，由张宝林、钱家旺、伍德华、庞群威、樊嫱、虞慎华、陈昱亭、汪建策具体抓落实。

中共九江市委办公厅(通知)

九办字〔2009〕106号

市委办公厅　市政府办公厅
关于成立九江市博物馆建设工程
领导小组的通知

各县(市、区)委、人民政府,庐山管理局、九江经济开发区、共青城开发区、云居山—柘林湖风景名胜区,市委各部门,市直及驻市中央、省属各单位:

经市委、市政府研究,决定成立九江市博物馆建设工程领导小组。现将领导小组成员名单通知如下:

组　　长:冯　静　　市委常委、市委宣传部部长
副组长:陈则仁　　市委宣传部副部长
　　　　郭建林　　市文化局局长
成　　员:杨小明　　市发改委副主任

蔡璐珠	市财政局副局长
胡伟华	市审计局副局长
尹冬林	市国土资源局副局长
陈 智	市规划局副局长
邱家传	市建设局副局长
朱 敏	市公安局副局长
李福贵	市环保局党组成员、总工程师
艾宏泉	市行政执法局副局长
肖立新	九江经济开发区党委副书记、管委会副主任
张宝林	市文化局党委委员、纪委书记
魏智素	九江供电公司副总经理
张 鑫	九江电信公司副总经理
汪建策	市博物馆馆长

领导小组下设办公室，办公室设在市文化局，郭建林同志兼任办公室主任，张宝林同志兼任办公室副主任。

中共九江市委办公厅
九江市人民政府办公厅
2009 年 8 月 4 日

《关于成立九江市博物馆建设工程领导小组的通知》

新馆建设项目部部分成员：
左起庞群威、钱家旺、张宝林、汪建策、虞慎华

九江市博物馆新馆建设工程于2010年10月1日正式破土动工。

为了建设好这项在九江文化发展史上具有里程碑意义的工程，市委、市政府在时间节点、工程质量、施工安全等问题上提出了明确要求，参建人员必须充分发扬"5加2""白加黑"的工作精神，打破常规，科学调度，精心组织，确保新馆在2012年5月1日前落成并免费向社会开放。这对于我们来说既是压力也是动力，更是心愿。因为只有这样真抓实干，才有可能完成好这项世纪工程。新馆建设从打下第一根试柱到落成开放，建设周期为17个月。这是不分寒暑、没有昼夜、没有节假日的17个月。参建人员抢晴天，战雨天，没有辜负组织和全市人民的期望，建设工程按照时间节点如期完成。2012年5月1日至5日，新馆试开馆的五天，来馆参观人数超过了6万人次，良好的社会效益正在突显出来。

让历史和文物在这里有温度
——九江博物馆·赣北历史文化的窗口

九江博物馆新馆,位于九江市八里湖新区上洲岛上,占地面积112亩,建筑面积1.8万平方米,展区面积9800平方米。具有文物展览、学术交流、文物技术保护、公共服务等功能,是目前江西省建筑面积最大、功能最齐全的大型综合性博物馆。新馆背依风景秀丽的旅游胜地——庐山,面临中国最大的河流——长江,碧波荡漾的八里湖环绕四周。新馆与九江早期的"寻阳古城"隔湖相望。其选址充分体现了赣北居民自古而今亲水的文化特性。

九江市博物馆新馆鸟瞰图

启功所题馆名

九江市博物馆新馆外观

上篇 风雨文博路 痴心终不悔

一路走来

新馆外墙主题铜雕《九派长歌图》

九江博物馆新馆建设工程，是中共九江市委、市政府2010年的重点文化民生工程。工程概算投资1.2亿元人民币。经过广大工程建设者的奋力拼搏，在确保质量、确保安全、确保速度的前提下，参建者充分发扬"5+2""白加黑"的工作精神，抢晴天、战雨天，仅用了短短17个月时间，就使这项备受社会关注的文化民生工程顺利竣工。

新馆于2012年5月1日进行了试开馆。经统计，到2013年底，共免费接待观众近30万人次，仅2012年5月1日至5月5日就接待参观者6万多人次，较好地发挥了博物馆的社会功能。

"陈列"是博物馆对外宣传的主要手段之一，也是博物馆能否树立好社会形象的重要载体。陈列这扇窗口应起到让不同的人群走进博物馆，感受她，热爱她，从而激发出热爱文化、热爱家乡、热爱祖国的情怀的作用。因此，作为基层博物馆，我们对九江博物馆的陈列定位问题，在征求多方意见的基础上，最终将其定位在雅俗共赏、专业问题通俗化的层面上，其目的是想让更多的人能够走近博物馆，感受历史文化的氛围。

九江博物馆的基本陈列"九派云横——九江历史文化陈列"是由金大陆展览装饰公司设计施工一体化完成的，概算投资3000万元。陈展面积2400多平方米，展线386米。陈列采取通史加专题的体例，共分为"古代浔邑""上古铜都""众水汇集""书院千年""净土仙踪""千古绝唱""一方风情""烟雨浔庐""当代九江"九个版块。每个版块既自成章节又互为联系,形成了一个以历史为线索、以重大事件和文化名人为空间的立体隧道,参观其间能给人一种穿越历史的感觉。

陈列实景(1)

陈列实景(2)

上篇 风雨文博路 痴心终不悔

陈列实景（3）

陈列实景（4）

一路走来

陈列实景（5）

陈列实景（6）

陈列实景（7）

整个陈列除展出了 600 多件文物外，还有大量的图表、场景复原、主题雕塑、声光电的使用和多媒体互动演示等，极大地增强了陈列的知识性、趣味性、科学性和艺术性。历史和文物在这里有了温度，活起来了。一些观众参观完九江博物馆陈列后感叹道："这既是九江历史文化的殿堂，又是当代科技和艺术的展示地，就是花钱来看一下都值得。"陈列受到观众的如此赞誉，也让我们深切体会到，公共文化的推介与宣传一定要面向社会，贴近民众，最大限度地满足人们对历史文化的不同要求，体会到把复杂深奥的专业问题，用通俗易懂的手法介绍给观众，让中华历史文化无障碍地传播到社会的各个层面，是发挥博物馆的阵地作用的重要体现。

原文刊于《中国文物报》2013 年 3 月 6 日

在这里读懂九江
——九江博物馆历史陈列巡礼

投资 1.2 亿元人民币,建筑面积 1.8 万平方米,仅用 17 个月的建设时间,2012 年 5 月 1 日试开馆,短短一周,就有 6 万多市民前往参观,至 2012 年底,就有近 30 多万人次参观游览——这就是九江市博物馆新馆。

2010 年 10 月,中共九江市委、市政府决定在八里湖新区上洲岛上建设一座集文物展览、学术交流、文物技术保护、公共服务等功能于一体的大型综合性博物馆。它的建成结束了九江市 30 多年来有馆无舍的历史,为万余件(套)珍贵的历史文物安了一个家。

走进厚重历史

九江博物馆的基本陈列"九派云横——九江历史文化陈列"是经过专家和各界人士反复斟酌论证后确定下来的。陈列采用通史加专题的表现形式,既有历史的连贯性又有重点的突出性。当我们走进序厅时,映入眼帘的是一条 10 余米长、波浪飘动的玉带。它的造型象征着流经九江境域 152 公里长的长江。自然造化,恩宠于斯,万里长江在庐山之北与古彭蠡泽相遇,让这片土地具备了得天独厚的地理条件。在以后的岁月里,庐山、长江、古彭蠡泽共同碰撞出了这个胜境。从新石器时代，这方土地就有人类活动，正是这片独特的山水，创造了九江的人文内涵和民俗风情。

穿越千年时空

陈列中的600多件文物反映出不同历史时期发生在这里的故事和文化亮点，给人一种穿越时空的感受，文物和历史在这里有温度、活起来了。

专题部分的展示告诉我们，这座并不宏大的城市，几千年的发展史中总能发出让世人惊叹的文化亮点：这里有中国最早的矿冶遗址——铜岭遗址。这处商代的矿冶遗址，1988年发现后，经过五次科学发掘，其文化内涵之丰富令世界震惊，铜岭的考古发现有不少属于全国乃至世界首次。山岭深处的古坑道内，一件件令人惊诧的文物，刷新了历史纪录。

江湖交汇，众水云集，九江成为名副其实的水乡。大江、大湖的节律赋予九江人独特的生活方式以及水一样的文化个性。古往今来，在这片水乡泽国，演绎出无数的历史传奇。唐代著名诗人白居易被贬江州（今九江）充任司马时，在其名诗《琵琶行》中写下"浔阳江头夜送客"之佳句；宋代文豪苏东坡为考证位于鄱阳湖口与长江交汇处一座小山名称的由来，不辞辛劳，亲历探访，留下了传颂至今的名篇《石钟山记》；陈友谅、朱元璋

一路走来

为争夺统治权兵戎相见，干戈不断，在浩瀚的鄱阳湖上大战了十八年，把一个平静的湖面弄得硝烟四起，也给历史的长河留下了一串串浪花。明清时期，九江一跃成为中国三大茶市、四大米市之一，与这里有着便捷的水运通道不无关系。解读九江的历史，似乎有着说不完道不尽的故事。

经受文化洗礼

文风浩荡，书院千年。唐宋时期的陈氏私学、东佳书堂、白鹿洞书院等教育基地是读书人成长的摇篮，促进了理学和科举的繁荣，成为士大夫入仕的起始地。正如当代著名学者刘梦溪在白鹿洞书院讲学时所言："当我站在这个讲坛上，诚惶诚恐，因为朱熹曾经站在这里。九江修水是陈寅恪的故乡，那是我应该匍匐着前去的地方。"不仅如此，在匡山之下、修河之畔还曾诞生了文化巨匠陶渊明、江西诗宗黄庭坚等一批本土文化名人。历史上还有许多文人骚客在此痴迷忘返，创作出一篇篇不朽的经典，而九江也于不经意间随它们一道不动声色地进入了人们的记忆。

当我们参观到"净土仙踪"部分时，历史在这里似乎静下来了，呈现眼前的是另一方天地。以"神仙之庐，宗教之山"而闻名的庐山，聚集了众多的僧院道坛，陆静修《三洞经书》、东林寺净土法门、文人结社、三笑虎溪等等，宗教与世俗的对话，留下来道不尽的秘事机语。

一方水土，一方风土，水土是生存环境，风土是文化表情。风土是赣北人家的生活，是民间生长的艺术，与物质文化遗产相比，非物质文化遗产的保护、传承、展示工作虽然起步晚了些，但发展的前景非常广阔。九江博物馆展示的部分"非遗"内容，是赣北整体"非遗"中的几个代表，它是一扇窗口，透露了浓浓的乡土气息，具有很强的亲和力。

沉思风云际会

当我们随着讲解员的声音来到九江近代史展区时，心情似乎沉重起来，近代九江和近代中国有着同样的命运，不平等的《天津条约》把九江辟为通商口岸，一时间，洋人、洋货在这里肆意横行。"租界"这个国中之国的"怪胎"就这样堂而皇之地在九江出世了。

几十年的蹂躏、几十年的抗争，1927年九江人民在全国人民的支持和声援下，一举收回了九江英租界。九江租界地的收回，是近百年来中国人民反帝斗争的第一次重要胜利。九江的近代史，几乎就是中国近代史的缩影。长江、庐山和鄱阳湖似乎是政治家和军事家指点江山、角逐智慧的最佳演武场；历史风云际会，波诡云谲，往往让这里成为见证。九江是我军第一面军旗诞生的地方；八一起义的第一枪在这里策划；与平型关、台儿庄齐名的万家岭战役在中国抗战史上非同凡响；百万雄师渡长江，这里是人民军队的登陆地；"打过长江去，解放全中国"的号角在500公里的江面上吹响……历史给九江留下的印迹太多太多。

当我们参观完长达386米的展线时，犹如穿越了千百年的岁月时空，它给我们留下了沉思、忧伤和兴奋，这也许就是历史吧。九江从远古而来，在历史的河床上留下一路瑰宝、一路创造、一路传奇。在这里，读懂九江，读懂历史。

原文刊于《中国文物报》2013年3月20日

交上一份合格的答卷
——冲击"全国博物馆十大陈列展览精品奖"

陈列展览是博物馆的主要职能之一，它体现了馆藏品的等级及人员专业能力的强弱。一个好的陈列展览如同一本立体教科书。

九江市博物馆新馆建设期间，我们就着手新馆的基本陈列"九派云横——九江历史文化陈列"的内容设计，陈列大纲初稿形成后，我们听取了多方面意见和建议，并请求省文物局帮助组织有关专家对大纲文本进行审看评议，请他们提出完善大纲的意见和建议，在集思广益的基础上形成大纲的最终文本。

如何办好九江新馆的基本陈列，是一个既棘手又专业的问题。陈列的选题定位、历史发展线索、文化亮点的呈现、内部逻辑关系等诸多方面都需要反复推敲，认真研究。基本陈列的构架与思路形成后，我们专门向领导小组和市委、市政府主要领导做了汇报，市领导基本认同我们的陈列思路，但同时又提出了九江博物馆的基本陈列要创一流的陈列，办出最好的展览的要求。对于这个既明确又模糊的要求，落实起来难点很多。首先是如何界定"一流"与"最好"的标准。作为馆长，我深感隐隐的压力顶在头上，如果交出的答卷不合格将会愧对组织与民众的期望。

为了办好这个展览,我们拟定了两条办展目标:一是观众认可满意,二是摘取"全国博物馆十大陈列展览精品奖"。如何实现两个目标,主要是展览的定位问题,也就是要解决好"通俗"与"专业"的关系。通俗是观众认可满意的前提,专业则是获奖的必备条件。

"全国博物馆十大陈列展览精品奖"由国家文物局、中国博物馆协会、中国文物报社共同举办,每两年举行一次,这是博物馆行业的政府最高奖。

精品奖的申报评审要求十分严格,需经过初评、再评、终评三个环节,每个环节都由国家文物局从全国文博专家库中抽取15名专家组成评审组。所抽取的专家只能担任一个环节的评审,不得重复。换言之,要想获得全国十大精品奖,必须经过45名专家的三次评议过程才能最终通过。

专家组先对申报材料初评,然后现场观看实展复核,并将审查复核情况以文字形式上报国家文物局,最后申报单位向国家文物局、专家组及所有参评单位汇报并接受专家组现场提问,馆长担任汇报人。

2013年,第十届(2011年—2012年)"全国博物馆十大陈列展览精品奖"终评会主场选定在山东省济南市。汇报时间为5月15日至16日。5月18日国际博物馆日当天由国家文物局公布评审结果。

按照评审要求，参评单位的汇报以幻灯片形式进行，时长15分钟。汇报分为两个阶段：汇报人对申报参评的展览进行演讲，专家组现场提问。最后评审专家票决结果，决定名次。整个终评过程严格紧凑。

为了做好参赛的汇报材料，我们做了大量的前期准备工作，对汇报材料的文字结构、演讲中画面的衔接、时间的把控、语速的快慢、气场的营造、普通话的准确度、上下场礼仪等进行了反复演练，并请专业人员精心指导，以确保万无一失。由于准备充分，终评汇报非常成功、顺利。

九江电视台主持人胡苇指导演讲技巧

2013年5月16日作者在山东济南主场与同事王田一起做汇报演讲

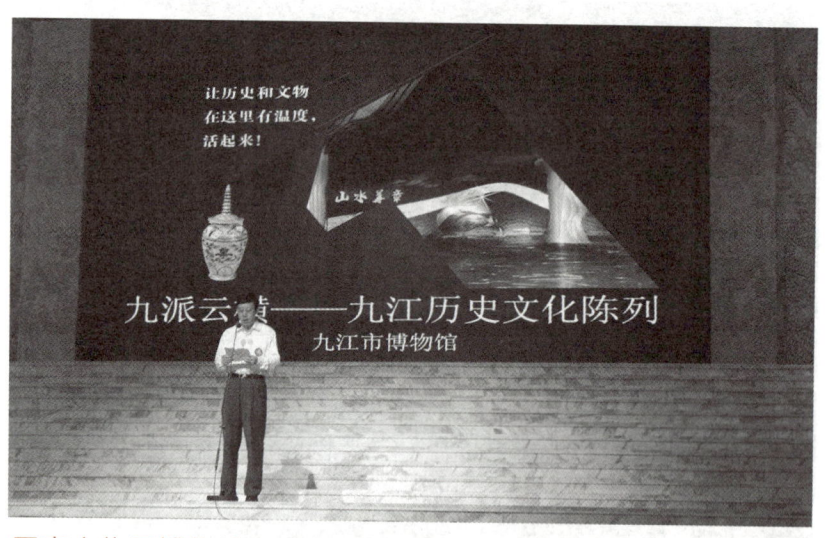

国家文物局博物馆司司长段勇宣布"九派云横——九江历史文化陈列"获"第十届全国博物馆十大陈列展览精品奖"

第十届精品奖颁奖仪式

颁奖仪式后合影留念（左起熊凯、汪建策、王田、虞慎华）

第十届全国博物馆十大陈列展览终审评选汇报
汇报人：汪建策（江西省九江市博物馆馆长）
汇报地点：山东济南主场

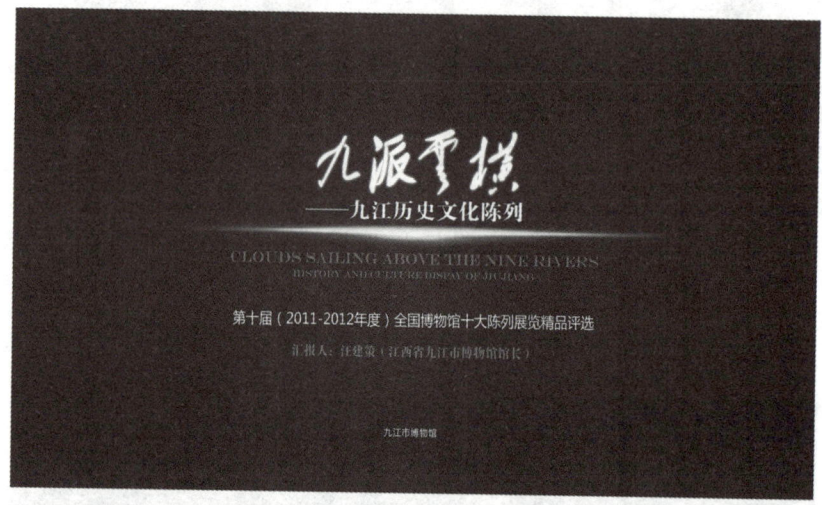

终审评选汇报材料幻灯片（上图、下图）

尊敬的各位评委老师、各位嘉宾：

大家好！

我是九江博物馆馆长汪建策。

很高兴，这次有机会向来自全国文博界的专家学习请教，我感到荣幸。

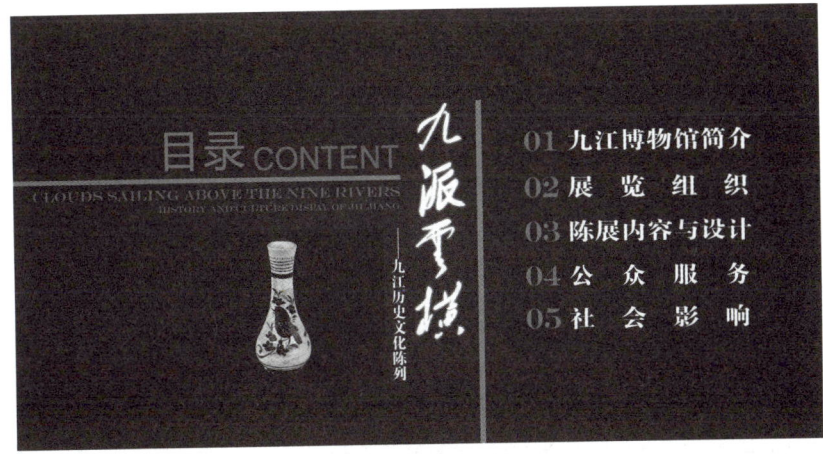

终审评选汇报材料幻灯片（上图、下图）

一路走来

九江,是一座有着2200多年历史的江南古城。由于地理区位的优势,历史上,九江一直是个备受关注的地方。

正如胡适先生早年所说,东林寺代表了佛教中国化和中国佛教化的大趋势,白鹿洞书院代表了七百年来理学发展的大趋势,庐山牯岭代表了西方文化入侵中国的大趋势。

为发掘九江厚重的历史文化沉淀,打造文化强市。2010年10月,九江市委、市政府决定在九江八里湖新区建设一座综合性历史博物馆,使九江千年积淀在这里得以重放异彩。

新馆于2012年5月1号试开馆,共推出"九派云横"等四个展览。九江博物馆建筑面积1.8万平方米,其中展区面积5600平方米。分别为"基本展厅""非遗展演厅""馆藏精品厅""对外交流厅"四个区间。

终审评选汇报材料幻灯片

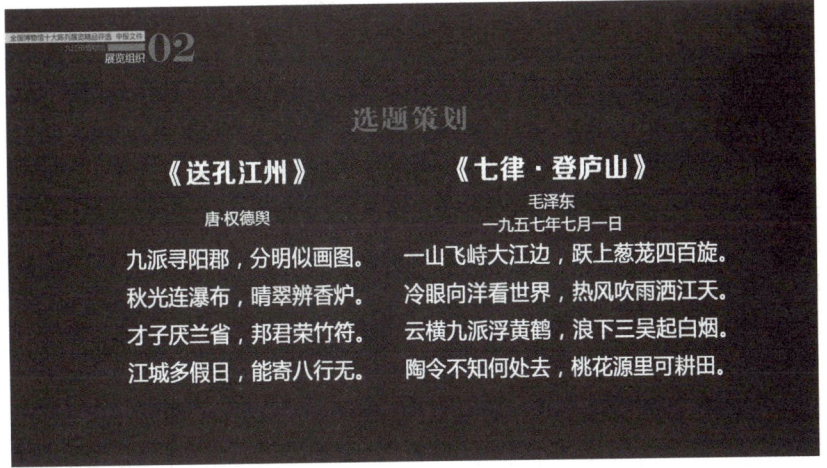

终审评选汇报材料幻灯片

　　陈列的主题之所以选定为"九派云横"四个字，是因为这四个字能够基本反映九江城市的自然地理、文化个性和空间意义。唐代诗人权德舆在《送孔江州》一诗中写道"九派寻阳郡，分明似画图"，这是诗人对九江山水的形象描绘，也是对这座城市自然地理的倾情诠释。古人将大江大河的支流称之为"派"。于是，九江就有了"九派之地"的称喻。

　　1959年，毛泽东主席在他的著名诗篇《七律·登庐山》中写下"云横九派浮黄鹤，浪下三吴起白烟。陶令不知何处去，桃花源里可耕田"的佳句，一代伟人进一步把九江的地理风貌和人文历史定格在岁月的时空中。所以"九派云横"四个字作为这个陈展的主标题，是符合九江城市个性化特征的。

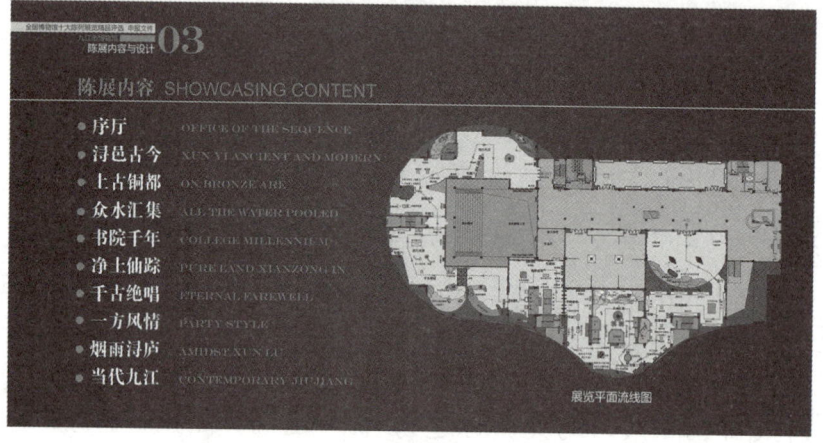

终审评选汇报材料幻灯片（上图、下图）

九江馆的基本陈列，从选题、定名到内容是向多方征求意见和反复酝酿后最终确定下来的。在展览的框架结构上，我们采取了"通史加专题"的体例，避免了地方博物馆较为常见的单一通史式或专题式陈列形式。

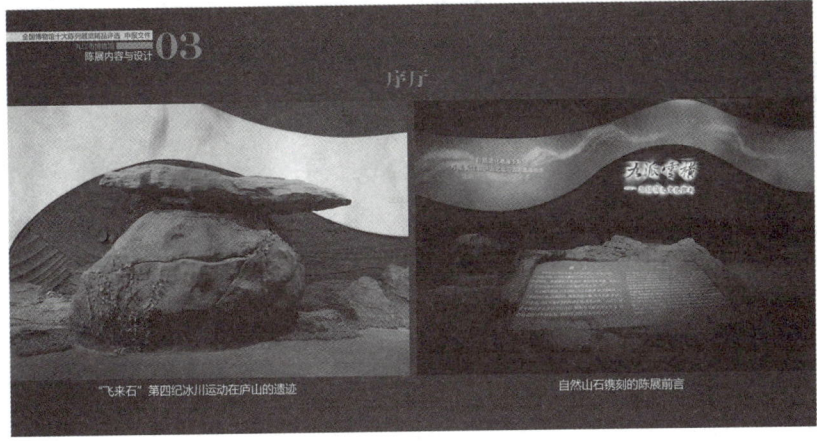

终审评选汇报材料幻灯片（上图、下图）

  九大版块在这里既自成章节又互为联系，形成了一个以历史为线索，以重大事件和文化名人为空间的立体隧道。整个展览除展出了625件（套）文物外，还使用了一定的场景还原、主题雕塑再现和多媒体互动演示等手段，极大地增强了陈展的知识性、趣味性和艺术性。

终审评选汇报材料幻灯片（上图、下图）

陈列尽量做到专业问题通俗化，让历史和文物在这里有温度，活起来。

当我们走进序厅时，仿佛走进了一个山水环抱的自然世界。

墙面上扬起的飘带，寓意着九江152公里的长江岸线。多媒体技术渲染出一幅温润的江南水乡立体长卷图，形象地演绎着江湖交汇、地壳运动的发生以及九江地理形成的过程。序厅中央，展示代表庐山地质特征的"飞来石"。它随着云雾缓慢旋转，将观众的视线带入陈列展览的主题"九派云横——九江历史文化陈列"。

通介部分，以文物为主，结合图表、文字和灯光等辅助手段，展现九江简明历史概况。

终审评选汇报材料幻灯片（上图、下图）

展出的文物从远古到近代，传递出的历史信息既直观又明了。

专题陈列部分，从"上古铜都"到"当代九江"，选取了最能代表和反映不同历史阶段九江历史特点的历史事件和文化亮点展示，很有代表性。

终审评选汇报材料幻灯片（上图、下图）

说到九江,我们不能不说到水。水,赋予九江秀丽的神态。浔阳江头,鄱阳湖边,似乎有着说不完的历史。

九江是书院文化、宗教文化薪火相传的圣地。与喧嚣繁华的街市相比,"书院"和"宗教"两个版块呈现出来的是一派读书声和诵经声。

终审评选汇报材料幻灯片(上图、下图)

我们用幻影成像技术，再现了朱熹首开书院、聚徒讲学的先河，体现了古代教育家、理学家传道授业的风神。

宗教是九江历史中重要的一环。我们以庐山东林寺为切入点，用点面结合的形式介绍了九江的宗教文化。

这里展示的文物，代表了不同历史时期寺院的文化元素。

终审评选汇报材料幻灯片（上图、下图）

在当代中小学课本中，共有13篇文章与九江有关。我们重点突出了《桃花源记》和《望庐山瀑布》两个亮点。利用实景与动漫手段表现了陶渊明在《桃花源记》中描述的静美宜人的田园景象。

一方水土、一方风情，全丰花灯和瑞昌剪纸是九江民俗文化的缩影！展区的上空悬挂着样式各异的花灯，代表九江非物质文化遗产的一个方面。

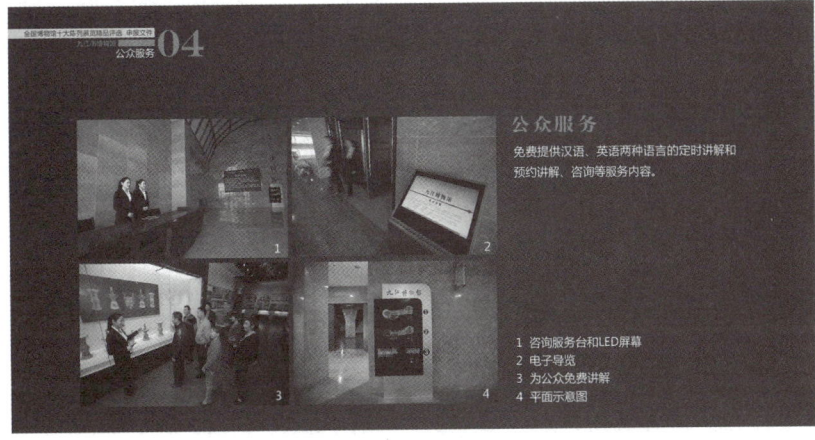

终审评选汇报材料幻灯片（上图、下图）

一路走来

记得一位诺贝尔经济学奖获得者说过,商品如果不能越过国境,士兵就一定会越过国境。

近代九江,烟雨笼罩。1858年的《天津条约》把九江等一些内陆城市辟为通商口岸。在展厅中,我们把"中洋街""租界区"等历史街区集中复原,旨在唤醒人们对西方文化侵入本土的记忆,以比较的手法进行对比展示。

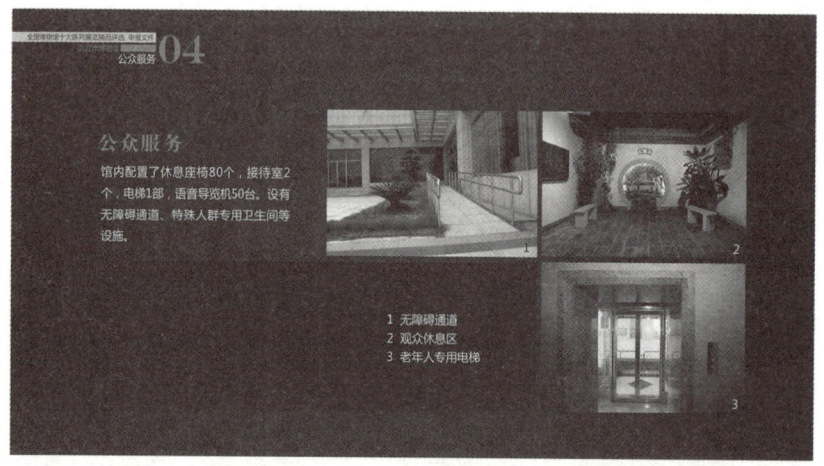

终审评选汇报材料幻灯片(上图、下图)

近代九江风云际会。长江、庐山和鄱阳湖似乎是政治家和军事家指点江山、角逐智慧的最佳演武场。

当我们徜徉在300多米长的展线上时，畅想这一段段令人沉思、促人警醒、催人奋进的历史片段，相信大家一定对九江的历史文化有了新的了解。

今天，13亿中国人都在为实现民族伟大复兴拼搏奋斗，中国梦的实现，我们文博人也在为之努力。

各位评委、各位同行，我想大家也许没到过九江博物馆，为增加大家对九江馆的了解，请审看我们的视频短片。欢迎到九江馆指导工作。

谢谢！

汇报时间：2013年5月16日

在261个参评的陈列展览中，九江馆以综合评分第七名的成绩荣获"第十届全国博物馆十大陈列展览精品奖"。这是江西省首次摘得的综合类历史陈列展览精品奖。对此，中央、省、市新闻媒体做了专门的宣传报道，省、市有关领导作出批示，希望九江市博物馆认真总结经验，抓住机遇，开拓创新，大力提升陈列展览水平，努力做好各项工作，为全省（全市）文博事业的发展繁荣做出更大贡献。

新馆开馆以来，已免费接待了观众近百万人次，取得了良好的社会效益，发挥了文化阵地的作用。

记忆乡愁——"九江非物质文化遗产展览"巡礼

一方水土,一方人!自然与人文的融合形成了赣北独有的文化表情——非物质文化遗产。

为争创"全国公共文化示范区",展示九江文化魅力,由九江市文广新局主办,市博物馆承办的"浔阳文脉——九江非物质文化遗产展览",经过半年多紧张有序的工作,布展工作即将完成,将于2017年春节前正式免费向公众开放。这是九江市博物馆继"九派云横——九江历史文化陈列"大型综合展览后向社会推出的又一个大型专题陈展项目,也是全市公共文化惠民工程之一。

九江,历史厚重,人文荟萃,是江西最早开发的区域之一。千百年来,先民们劳作生息所形成的赣北风情,成长于不同历史时期。它深深扎根在赣北大地的水土中,是赣北人民劳动生活最接地气的符号,散发出来的是浓浓的乡土气息。例如:湖口青阳腔,这个古老的戏曲艺术,是南戏中的一支声腔剧种,曾哺育了京剧、川剧、湘剧、徽剧、赣剧、清戏、黄梅戏等近十个中国戏剧剧种,堪称中国戏曲艺术的奠基石。武宁打鼓歌,又称锄山鼓、催工鼓、耘禾鼓,顾名思义,它是武宁山区的劳动人民在锄茶、耘禾、挖山等集体性劳作中,将艺术与劳动相结合的产物,它以鼓催工,以歌助兴,编词起调,起到鼓劲和解乏的作用。因此，打鼓歌又被称为"原生态的劳动者之歌"。它与九江山歌、庐山石工号子，有着同工异曲的内涵。再如瑞昌剪纸，这个起源于汉代的古老汉族民间艺术，被誉为中国南方剪纸艺术的代表。瑞昌剪纸在造型上不受时空、真实解剖的限制，在选题上多以年节习俗、婚嫁习俗及祈子延寿、驱邪消灾习俗等为表现内容，自成体系，且主要在农村妇女中传承。直至今天，瑞昌剪纸仍较为完整地保留了古老民间传统剪纸的原汁原味。1972年，从瑞昌境内发掘出的西汉古墓墓砖纹饰上，就找到了剪纸的雏形，说明瑞昌剪纸至少可追溯到两千多年前的西汉时期。悠久的历史又恰好说明了这种发端于民间，根置于生活，贴近于家庭的剪纸艺术具有强烈的生命力，成了寻常人家生活的一部分。又如出产于星子县的金星砚，是文人梦寐以求的案头用具。大宋书法家米芾曾对金星砚有过"金星宋砚其质坚丽，呵气生云，贮水不涸，墨书于纸，鲜艳夺目，数十年后，光泽如初"的记述与评价，推其为砚中名品。还有湖口草龙、瑞昌竹编、庐山云雾茶、九江陈年封缸酒、修水的全丰花灯、彭泽的板龙、湖口的粑俗等等。它们或承载着农耕稻作文明的特色，表达祈愿风调雨顺的心理，或是利用当地的物质资源编制生活所需的用品，制作茗饮，陈酿琼浆，这也许都是生活中不可或缺的基本内容吧！

目前九江市共有非物质文化遗产97项。其中国家级11项,省级35项,市级51项。每项非遗都承载着赣北地区民俗风情的记忆。

浔阳文脉——九江非物质文化遗产集萃

走进市博物馆一楼"非遗展演厅",映入眼帘的是一个个鲜活有趣又亦梦亦幻的非遗内容展示。序厅中央用灯光秀的手法汇聚了赣北地区具有代表性的内容各异、形态不同却又饱含温度的非遗活动场景图片,瞬间就能拉近观众与非遗展览的距离。背景墙上的"中国非物质文化遗产"徽标,显得格外醒目。一段"天气有寒暖,地形有险易,水泉有美恶,草木有刚柔;含血之类,像之而生。故言语歌讴异声,鼓舞动作殊形"的标题语言,起到了点题引领的作用,由此倡鸣了"风俗"的内在涵义。在自然与人文的相互作用下而形成的九江非物质文化遗产,是千百年来家园情怀维系的纽带,它四季不停地绽放出悦耳的声音。

厅内实景(上图、下图)

一路走来

厅内实景

厅内实景

厅内实景

1400多平方米的展厅,百余米的展线。共分为"腔音曲韵·传统戏剧""欢歌蹈舞·传统乐舞""形神像美·传统美术""技高艺美·传统手工技艺""风朴俗醇·传统民俗"五大章节。展出实物百余件套,配以图版照片,并辅以声光电融合、多媒体互动、艺术雕塑等现代展示手段,对整个陈展空间进行渲染,起到了还原文化、再现非遗传承的活态效果。

九江非物质文化遗产展览,让我们感受到了赣北历史文化的厚重、民俗风情的质朴浓重,传递出的是泥土的芳香。在喧闹繁杂的大千世界中,这里也许是我们守望家园,思索未来的心灵港湾。

浩浩鄱湖水,悠悠赣水情。生于斯,长于斯的九江非物质文化遗产,是赣北大地独有的文化元素,是先民们生生不息奋力前行的基因密码,是唤醒我们浓烈乡愁的永恒记忆。

原文刊于《长江周刊》2017年1月15日

寄语未来

对于今天的人们来说，博物馆是一个非常熟悉的名词了。它承载着一个国家、一个民族历史的记忆，是展示人类社会发展进程的文化窗口。

承担着对各类文物征集、收藏、陈列和研究功能的博物馆，是我们共有的文化客厅和精神家园。

中国博物馆的发展大致经历了古代皇室文人典藏期与近代博物学确立期二个主要阶段：宋代以前，王室、宗庙、府库是收藏文物的主体。有专门设立的"守藏室"，备有"簿录"登记，对文物进行典藏管理。宋代以后，士大夫阶层开始加入了收藏把玩古董珍品、字画、碑帖的行列，一时成为风气。

到了近代，一些有识之士提出了引进西方类型的现代博物馆作为"开民智"的重要措施。于是，1905年中国创建了第一座博物苑，1912年，中国近代第一个国家设立的博物馆也随之诞生了。

近代中国博物馆主要有外国教会建立与中国人自己创办两种性质。其类型主要以自然、民俗、历史、专题纪念为主。这一时期，中国博物馆的管理体系基本形成，博物馆开始纳入社会教育体系，并逐步向社会公开开放。

新中国成立后，博物馆事业的发展方向与定位十分明确,提出了"博物馆事业的总任务是进行革命的爱国主义教育,通过博物馆使人民大众正确认识历史,认识自然,热爱祖国,提高政治觉悟与生产热情"。

改革开放后,随着国家经济实力的增强,作为公共文化阵地,国有博物馆逐渐实现免费向社会开放、坚持以社会效益为主的办馆原则,全体人民共享改革开放的红利,分享文化大餐,博物馆事业走上了一条健康可持续发展的大道。

2018年1月2日,作者与博物馆现任班子成员馆长杨春,书记伍德华,副馆长郭钧、熊凯、樊嫱合影

一代人应该有一代人的作为,这种作为不论是博大的还是微小的,只要努力了,生命中就会减少一些遗憾。

我们祭颂祖先，常念那些倜傥非常之人，是因为他们担当于世，光耀后人的精神一直在滋养着子孙与来者。这是中华文明的基石，是推动我们不断前行的精神源泉。芸芸众生，是社会细胞的组成部分，虽然我们不能奢望跻身于立传传世的行列，但至少应该思考一下身后坟茔前那块碑石上除了姓名、生卒年、子嗣之外，还留下了些什么……

从抓"两个效益"到博物馆免费开放的转变

2008年,国家文物局在全国选取了包括江西省在内的七个省份进行博物馆免费向公众开放的试点工作。结束了国内国有博物馆长达数十年的经济效益与社会效益并举的运行模式。

按照国家有关博物馆免费向社会开放的相关要求,除设立在古文化遗址、古建筑内的博物馆暂不实行免费对外开放外,其他国有博物馆都将逐步全面实行免费向公众开放的政策。免费后博物馆的运行经费由国家根据各博物馆实行免费开放前三年每年门票收入的平均值,加上几个百分点拨付。

九江市博物馆从1978年成立之日起,到2008年止,30年间,一直实行有偿参观的方式,门票价格从3分起步到10元为止。

烟水亭(博物馆)3分参观券

烟水亭（博物馆）3分参观券

九江市博物馆与中国国际友谊博物馆在烟水亭合办的"国际礼品精品展"参观券

"清宫帝后生活用品展"参观券

一路走来

一元五角参观券

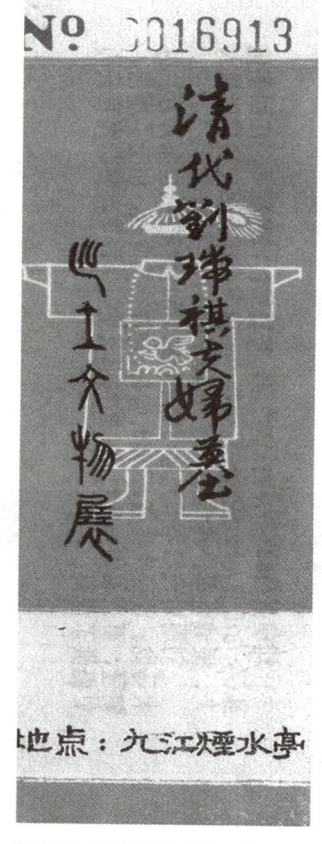

"清代刘瑞琪夫妇墓
出土文物展"参观券

一元五角参观券

上篇 风雨文博路 痴心终不悔

"秦始皇兵马俑展览"参观券

五元参观券

"'97香港回归纪念"参观券

123

"'98九江抗洪救灾纪实展"参观券

十元参观券

30年的时间，门票收入一直是博物馆的主要经济组成部分。作为博物馆经费来源的主要渠道之一，门票收入曾经在弥补事业经费、运行经费、职工福利等支出的不足方面，起到了一定的积极作用。但另一方面，由于门票收入与职工的福利相联系，一定程度上冲淡了从业人员对事业、专业的追求，也造成了博物馆一方面人满为患，一方面专业人员严重不足的尴尬局面。2008年后国家适时地实行公益性博物馆免费向社会开放，在导向上是有积极进步意义的。因为，博物馆最根本的社会属性应该是实现收藏历史、传播文化、教化人民的功能，它应该成为一个国家，一个民族历史文化最明净、最圣洁的窗口。

九江市博物馆成立以来，自办、联办各类展览数十次。免费开放之前，每年接待观众10万人次左右。2008实行免费开放后，每年接待观众人数较之免费开放前增加了100%以上，充分地发挥了文化阵地的作用，这里已经成为赣北地区的文化大客厅，中小学生的第二课堂。

基层博物馆专业人员不足的困境与出路

专业人员是支撑业务工作的重要力量,是事业发展的关键因素。九江市博物馆成立后,在相当长的一个历史时期内所面临的主要问题之一就是文博专业人员的不足,这在基层博物馆中是一个普遍性问题。其形成的原因,一是机制、体制不完善,造成了人员结构不合理。调查显示,基层博物馆在册人员中从事专业工作或能够独立完成专业工作的人员比例一般都不到总人数的10%,客观上成为了专业工作的短板。二是入职门槛低,没有成文的行业入职标准。从基层博物馆现有的人员结构中就不难看出,他们主要是文化系统的分流人员,其他单位调入人员,部队转业、退伍人员,随军家属安置人员等,真正"科班"人员少之又少。这是历史形成的但又不能不面对的客观现实。

九江市博物馆从成立至今的40年间,真正面向社会公开招聘的专业技术人员只有3名。仅占在册人数的5%左右。这是我们无法回避的实际情况。专业人员的短缺与不足,导致了事业发展的乏力。

20世纪八九十年代,为了缓解专业人员不足给文博工作带来的压力,国家、省市文物主管部门投入了大量的人力、物力和财力,对各级博物馆的专业人员进行专

作者与公开招聘的专业技术人员赵建鹏、李颖、陈昱亭合影，他们分别具有大学本科、硕士研究生学历

门的指导与培训。除委托高校代培外，国家文物局还在武汉、成都、扬州、泰安等地专门设立了全国文物培训中心，对文博人员进行定期脱产学习与培训，这些举措对专业人员的成长起到了积极有效的作用。

各省市、自治区在国家文物局的指导与支持下，也分别采取了各自的办学培训方式，培养专业人员。江西省文化厅文物处在新余罗坊成立了罗坊文物培训中心。每年开班几期，几年时间几乎将全省文博人员轮训了一遍。从1985年至1991年的6年时间里，省文化厅文物处与江西师大历史学联合开设了3届文博大专班和3期文物专业证书班，培训了全省近1/5的文博人员。这批人员后来成为了全省文博系统的专业骨干力量,支撑起了江西文博工作的半壁江山。

1986年,作者参加江西省一级文物鉴定培训班时与老师耿宝昌、史树青等合影

在工作中学习,在学习中工作,是当时那个特殊时期、特别年代的特殊做法。20世纪八九十年代,正是全国各地大兴博物馆建设的时期,许多基层博物馆都是在那个时期成立的。

我们这代人经历了国家从计划经济向市场经济转轨的过程,记得我刚到博物馆工作的前10年,由于身在文物保管部,每天都要面对各种文物,除需要保管好这些文物外,一项常规性的工作就是给各类文物建档立账。面对"冰冷"的文物,如何获取信息,解读密码,是一项专业性极强的工作。为了能够顺利地开展工作,除了手不释卷地读书学习外,每当工作中碰到难题时,我就会不断地向

2015年6月2日，作者参加"明代官窑瓷器对比展"时在故宫斋宫前与古陶瓷鉴定专家耿宝昌合影

上篇 风雨文博路 痴心终不悔

前辈专家求教，甚至拿着文物照片，乃至实物到省博物馆、故宫博物院、中国历史博物馆请专家指点迷津。外出考察各博物馆时，考古工地是必去的场所。馆里还经常邀请一些专家到九江指导，我曾多次当面请教过耿宝昌、史树青、杜廼松、刘九庵、李辉柄等著名文物专家和省博物馆的有关专家，他们的悉心指导和无私帮助，使我对文物有了一些粗浅的认识。

博物馆是一个专业性很强的事业单位，承担着对文物的保护、研究、宣传任务，从业人员应具备相应的历史、文物、美学、文学等方面的综合素质。只有这样才能够构筑起与先民对话的通道，这种要求是与人类社会发展的多元性、阶段性、民俗性相一致的。因此，基层博物馆的专业人员往往有一个从"杂家"到"专家"的成长过程。

改革开放后，国力不断增强，各级政府在文物保护、利用方面投入资金的力度已非昔日可比，但在加大对文物保护利用的同时，能否同步加强对基层文博人员的培养，是一个值得思考的问题。

关于创建主题博物馆的两份政协提案

2011年至2016年,我当选为政协第十四届九江市委员会委员,兼任市政协文史委副主任。履职担当,建言献策是政协章程赋予政协委员的神圣职责。

作为参政议政的重要机构,政协有着宽广的舞台。这里人才汇集,社会接触面广,信息来源渠道多,这为委员撰写社情民意、提交委员提案、实行民主监督、做好政府参谋、传递民众呼声,提供了很好的平台。身为政协文艺类别的委员,五年间,我多次参与了有关九江历史遗产的保护、文化与旅游的协调发展、充分发挥文物在两个文明建设中的作用等专题问题的调研活动。通过走访调研,撰写了多份"社情民意"与委员提案,一些建议得到市委、市政府的充分肯定和采纳,例如"让中小学生走进博物馆,将博物馆、城市展示馆作为学生的第二课堂"的社情民意在政协"社情民意信息"上反映后,市委书记即时做出批示,要求有关部门尽快落实。

在城市化快速推进的今天,如何保护好城市发展的文脉,留住乡愁,是许多城市不得不面对的现实问题。九江,一座临江靠湖的城市,有着两千多年的城市发展史,是江西最早开发的区域之一。由于自然灾害、战争原因,加之拆旧建新的传统思维,这座千年古邑留给今天的文化符号已经越来越少了。如何将本就不富的文化遗产保护利用好，正确处理新与旧、保留与拆除的关系，可能将是一个长期的问题。也许是职业与政协委员双重因素的驱使吧，几年间，我不停地走街串巷，寻访老人，调查考证，为撰写提案寻找依据，以期尽一份政协委员和文史从业人的责任。

2014年，在调研的基础上，我与石峰委员联名提交了《关于筹建"九江租界博物馆"的建议》。

关于筹建"九江租界博物馆"的建议

九江，作为江西唯一通江达海的港口城市，是近代西方列强重点争夺的中国城市之一。

1858年不平等的《天津条约》将九江、镇江、汉口列为第一批开埠通商的长江口岸城市。之后，1861年3月25日，大清钦命江西等处承宣布政使司张集馨与大英钦差大臣右参赞兼理领事官事务巴夏礼订立了《九江租地约》，根据租地约，英国商民可依照规定来九江通商，建造房栈等。并划定九江府西门外地方，自龙开河口起，沿长江往东至思口之西十三丈止，量得共长一百五十丈，进深一带六十丈，共合地基一百五十亩为英国在九江的租地。

这份租地约成为以后英国人在九江实施"租界"

制度的奠基石。租界内设有领事馆、俱乐部、巡捕房、医院、教堂、银行、工厂、码头、仓库、栈房等各种设施。

由于九江租界属于外国势力范围，所以洋人都可以自由出入，而华人是不能随便入内的。这就是众所周知的国中之国——租界。

从1861年《九江租地约》的签订到1927年九江人民收回英租界的60多年里，英、美、法、德、俄、日、丹麦等20几个国家先后在九江通商、传教、办学、设立洋行，进行经济、文化掠夺与渗透，这是九江历史上最黑暗的时期之一，同时也是一段不应被遗忘的历史。

目前，原九江租界区域内仍保留有"亚细亚公寓""（日本）台湾银行""日本领事馆""教堂医院"等建筑遗迹，应充分发挥这些历史建筑的教化作用。

岁月流逝，九江城区内保留下来的百年建筑已经很少，集中成片的更是少之又少，像溢浦路原英租界范围内，具有历史积淀的建筑，将其保留下来并向世人展示，很有其历史意义和现实意义。

原九江租界区内，现保留有国家级与省、市级文物保护单位多处，根据《文物保护法》和国家有关规定，文物保护单位不能作为企业资产经营，划定的保护控制地带内不能进行土地开发利用等。如果筹建成专题博物馆，发挥社会公益作用，还可以争取国家和省里的专项资金支持。当前,九江正在积极筹备申报国家级历史文化名城,其中文物保护单位的级别、数量和成片的历史文化空间是申报的必备条件之一,可取得评审加分作用。

建议:八里湖"市民服务中心"建成之后,将原在此办公的市文新局、妇联、团委、科协、社联等单位搬迁到八里湖新区办公,将以前被这些单位及部分居民占用的"亚细亚公寓""(日本)台湾银行""日本领事馆"等租界区内原有的房屋腾出,筹建一个九江租界博物馆(近代中国共有各类租界27处,分布在10个城市,分别由英、美等13个国家建立。目前只有2处建有租界博物馆),布置近代九江租界历史陈列,进行爱国主义和故土乡情教育。

建议人:石峰 汪建策
2014年12月

建议提出后,引起高度重视,被列为当年政协重点提案之一。市政协主要领导亲自督办,市政府积极回应并拨专款对原九江租界区内的历史建筑进行维修,同时下发了文件,成立了"九江英租界旧址(博物馆)"筹建办公室具体抓落实,该项目目前正在有序推进中。

上篇 风雨文博路 痴心终不悔

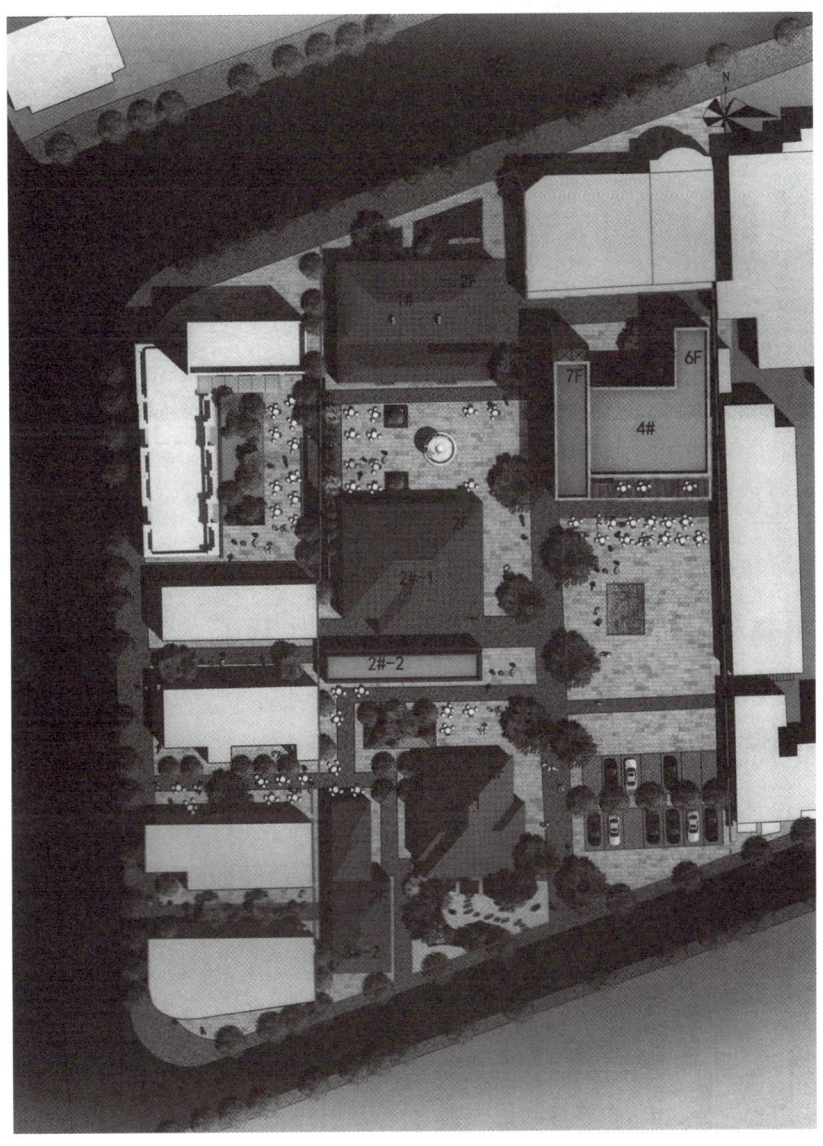

中国美术学院为九江租界旧址（博物馆）做的平面规划效果图

中国美术学院为九江租界旧址（博物馆）做的（局部）效果图

2016年是九江市政协的换届之年，为了抓住时机，充分利用好政协委员的话语权，我撰写了作为政协委员参政议政的最后一份提案：《关于将东作门故址建成"九江城墙遗址公园"的建议》。

关于将东作门故址建成"九江城墙遗址公园"的建议

东作门故址位于我市171医院内，现有明清时期城墙一段，城门一处，是九江市唯一保留下来的城墙实物资料，十分珍贵。

九江，一座有着2000多年历史的文化古城，由于地理条件、自然灾害、历代战争等因素的影响，城池发展很不稳定，城址一直在江湖边游动。明清以前的九江城，规模一般在2—3平方公里左右。直到唐宋之后，九江的城池才基本稳固下来，城市轮廓也随之清晰。这是九江古城发展演化的大体情况。

诗人白居易在《泛溢水》《望江州》中，对九江城有过"城雉映水见，隐隐如蜃楼""江回望见双华表，知是浔阳西郭门"的描述。从诗文中所说的"城雉""郭""华表"等建筑符号分析，当时的浔阳城已是城墙环绕，城门华美，颇具规模了。然而，随着时间的推移，古城浔阳的踪迹，我们只能在诗文和史志的图文中寻找了。

九江城墙大规模拆除始于1925年，其后都有不同程度的拆除，目前仅剩下东作门一处城墙遗址，这是九江古城非常重要的文脉资源。由于东作门遗址所处地理位置的特殊性，知者寥寥。为留住乡愁，建议：

将东作门故址建成"九江城墙遗址公园"，加大宣传保护力度。具体做法可借鉴"上海古城公园"的经验，通过在原来城墙的原址上讲述城墙故事的方法，重塑老城墙的历史意境，引申出一座城市的变迁史，供市民及来浔旅游者参观。遗址公园建成后，即可起到宣传教化作用，也可形成蕴藏特殊历史人文内涵的城市景观。

汪建策

2016年1月20日

这份建议同样被列为当年政协重点提案之一，由政协领导亲自督办。建议事项有关部门目前正在规划设计中。

2015年作者在东作门古城墙遗址调查时与城墙守护人解放军171医院老院长张绩仲（左）、老政委陈桂林（中）合影

下 篇
露从今夜白 月是故乡明

广阔天地 大有作为
——我的三年"知青"生活

"广阔天地，大有作为"，这是一句20世纪六七十年代流传非常广泛的政治口号。这句口号，是最高领袖号召广大知识青年到农村去，接受贫下中农再教育的总动员令。

这段由领袖发起，全民参与的全国性城乡人口大迁动的历史，不要说在中国，就是世界范围内也是空前绝后的。

我出生于20世纪50年代末，教育启蒙与少小学年是在一片"读书无用论"的思潮中混过的。1972年，我初中毕业于九江市第二中学（现为同文中学）后，便待业在家，成立一名"待业青年"。待业期间，我在长江之滨的水岸码头上当过搬运工，整天做着抬石头，扛木材，装卸砂石、煤炭等临时性的杂工，每个月能挣个几十块钱，补贴家用。日复一日,面对这奔流的江水,迎日出,看落晖,践行着生命的过程,幻想着不着边际的人生未来。

———

  1975年仲冬的一个傍晚,正当我们全家人准备吃晚饭时,忽然接到居委会(城市居民委员会)的口头通知,让我晚上8点钟到"东方红公社"(现为浔阳区甘棠街道办事处)开会。按照通知要求,我准时到了会场。会上公社主任和"乡办"(上山下乡办公室)负责人分别介绍和传达了有关"知青"(知识青年)的先进事迹和动员广大适龄青年应踊跃报名到农村去,接受贫下中农再教育的文件。近两小时的会议,从头至尾充满了热烈的气氛,与会的每个人似乎都饱含着时代的政治激情,聚精会神地倾听会上的每一句话,对于即将要奔赴的广阔天地充满了幻想。

  第二天上午,没有多加考虑,我就在父母的陪伴下到九江市第一派出所(现为浔阳公安分局甘棠派出所)注销了城市户口,成了一个名副其实的"下放知青"了。这个看似轻率的举动,一定程度上决定了我人生未来的走向。在今天的人看来,主动注销城市户口到农村去,是一件不可思议的事情,然而,在当时的时代背景下,却是一件非常符合时代潮流的举动。由于注销户口的时间已经临近年关,又逢农闲时节,所以我没有即时地去知青点报到，打算过完春节后再去。

在中国，大规模的知青史是从20世纪60年代开始的，到70年代末基本结束，只不过短短的一二十年时间。据不完全统计，当过知青的人超过了两千万，我是这千万大军中的一个。

中国知青，主要经历了两个大的历史阶段：一是"插队落户"阶段，这时期的知青，"下放"农村后，大多被安插在当地的农户家中，过着同吃、同住、同劳动的生活。这是比较符合"接受贫下中农再教育"情形的。二是"厂社挂钩"阶段，这种模式就是工厂与公社挂钩，联合创办知青点，把分散在各家的知青集中起来，以便统一管理，我属于"厂社挂钩"式的知青。

1976年4月8日，是我一生都无法忘记的日子。走过寒冬的春天，虽然开始显露出了早春季节的春意，但清风中仍夹杂着一丝寒意。早晨7点多钟，厂里派出了一辆"日野"牌大卡车，在分管知青工作的厂领导带领下，来到了我家的住地，父母亲将我的生活用品搬上车，父亲陪着我一起前往下放的知青点。

江南的春天，天气不定，绵绵细雨一直忽急忽缓地飘着，我坐在卡车的后厢里，随车在丘陵间的公路上摇摆颠簸前行，望着远去的城市，无声无语。一个小时后，我来到了知青点——九江县周岭公社关山林场。陌生的环境，满眼的翠绿，是我到这里的第一印象。这里听不到

一路走来

城市中的喧嚣与热闹，充入我眼帘的除了山丘就是天地，还有不远处的几栋破旧的村舍，空旷的田野中，不时地传来几阵鸡鸣狗吠之声，似有填充寂寞之意。

下车后，林场书记和带队干部在几个老知青的相随下，走过来迎接我这个刚加入知青行列的年轻人。寒暄客套一番之后，书记简要地向我介绍了一下知青林场的基本情况，他说我们这个林场叫"关山林场"，并指着对面一座并不高大的山说，这座山的名字叫"关山"，林场的名字就是因它而取的。山上种了几千亩杉树，都是你们这些知青几年来的劳动成果，所以叫"知青林"。山的背面就是过去非常热闹的姑塘老镇，那里有六十亩的林场知青水田，再过几天我们就要去准备"春插"了。听到这里，我在心里想，水还那么冷，插下去的秧苗能活吗？后来才知道，由于当时推行的是双季稻，早稻秧苗必须在五一节前插下去，否则就会耽误晚稻收割的时间，影响收成。这说明自然农业对节气的要求是严格的。我在农场当知青时，常听到这样一句种田老农的顺口溜："手捏秧把七十七，谷种下田一百一。"意思是从插秧到收割，需要七十七天时间，从浸泡谷种开始到收割稻谷需要一百一十多天的时间，这是种田人从长期耕作过程中总结出的务农经验，也是他们口口相传，代代遵循的务农法则。

二

说起姑塘的水田,当地的老人告诉我,这里原本是没有水田的,现在的水田是在20世纪五六十年代"围湖造田"运动中形成的。这些水田原来都是鄱阳湖的湖汊和姑塘镇的港湾。历史上当地的人主要是以捕鱼为生,过着靠水吃水的渔舟生活。从老人们口述的故事里,不难看出他们对往日的生活充满了记忆。

姑塘的衰落是从南浔铁路开通后开始的,交通运输格局的变化,渐渐地使姑塘失去了历史的光辉。此前的姑塘,是一处非常繁华的商埠集镇,它地处鄱阳湖之滨,是鄱阳湖进入长江与长江通往江西内地的水路必经之地,江西的许多土特产如茶叶、夏布、药材、瓷器等都是在这里集散,现今的姑塘湖岸边还存留着许多用麻石垒砌的石码头和驳岸遗迹。看到这些历史遗迹,会让人不由自主地想起过去的姑塘那小船挨大船,装卸运输的场面,理解了人们为什么将姑塘誉为"小扬州"的真正含义。

历史上,姑塘当地人有每年农历五月初五在湖上赛龙舟的传统习俗。遗憾的是"文革"后,这一习俗就基本停歇了。龙舟竞赛的历史我们只能从老人们的记忆中去寻找了。

姑塘镇是个不大的集镇,从水岸码头依次规划建设有街道、商铺、住家、作坊。在镇的中央处,有一座并不高大的山,上面遗留有晚清时期的炮台,站在山顶上可远眺几公里的湖面。这里的地形和交通优势非常适合建造码头、关卡,属于咽喉之地,历史上就在这里设立过榷关和海关机构,向过往船只收税。

三

三年的知青生活,我的大半劳动时间是在姑塘度过的,从春插、双抢到秋收。在这里我看到了城乡之间的差别,真正体会到了"锄禾日当午,汗滴禾下土。谁知盘中餐,粒粒皆辛苦"的含义。

第一年的知青生活,按照当时的政策,每个知青每月有十二块钱的生活补助和半斤油、五两肉、四十斤大米的计划指标。换言之,当知青的第一年,你即便不劳动也能维持基本的生活,这在当时叫作"过渡期",从第二年起就得自食其力了。

集体生活,使我学会了如何与人相处,懂得了个体与整体的关系。艰苦的生活让我养成了不言低头,敢于作为,擅于面对的人生性格。这种不知对错的性格伴随我走过了几十年的风风雨雨,虽然有得有失,但我从来没有后悔过。

在我们的知青林场生活区内,建有三栋青砖灰瓦房,共有二十多间,每三个知青住一间房屋,除住房外,集体食堂、小车间、猪圈、晒谷场都有。一日三餐由两个专门的老农替我们做,每天上午7点吃饭,然后就是劳动。

锄草、垦地、种田、植树，不断地重复着几乎相同的生活节奏。

日出而作，日落而息，知青生活是单调乏味的。为了找到一点慰藉精神的食粮，我养成了读书习字的生活习惯，几十年来，虽然没有找到书中的"黄金屋"，但精神却没有成为沙漠。令我一辈子庆幸的是，在知青点里我结识了相守一生的妻子，印证了"有缘千里来相会"的古训。我们的恋爱、婚姻，没有花前月下的浪漫、海誓山盟的誓言、披金挂银的彩礼，却爱得自然真实，也经受了岁月的考验。

岁月蹉跎，蹉跎岁月，三度春秋，既快又慢。1978年12月，我应征入伍了，生活转入了另一个阶段。

原文刊于《党史文苑》2016年第3期

发掘历史文化 重振浔阳茶市

在中共江西省第十二次代表大会上,省委对九江未来的发展问题做出了明确的定位:把九江建设成长江沿岸和中部地区重要的经济中心城市。这为浔阳区乃至整个九江的经济发展提供了良好的契机。

作为九江市的中心城区,浔阳区在发展商业文化上有着广阔的空间和独特的区位优势,其中发掘历史文化,重振浔阳茶市更具潜力。

茶,作为人类的重要饮品,已被越来越多的中外人士所认识和接受。九江地处江南丘陵地区,固有的土壤和自然气候条件非常适合茶叶的种植和生长。茶作为重要的经济作物,在九江的种植、生产、品饮、销售有着悠久的历史。自唐以来,历朝政权都把征收茶税作为政府的重要财源之一,加以监管和控制。宋代更为严密,曾在江南主要产茶区和流通要道专设了六个茶叶运输和买卖管理机构,并派专员兼理茶政。公元1129年在江州(今九江)设立"茶盐合同场";公元1165年至1173年在德化(今九江)置有"茶运司"。以此加强对茶叶产销的专营监管。

元明清三朝,延续了历史的做法,对茶叶的生产和销售也十分重视,曾在江州置设"榷茶转运使",负责征收江西、安徽、湖北、湖南、福建、广东六省茶税，管理茶叶的运输和贸易。明清政府还在九江设立"批验茶引所"，对茶叶实行专卖。如此等等，都说明茶叶具有重要商业利益，且与广大民众的生活密不可分。不仅如此，历代文人雅士也对茶叶情有独钟。远在东晋时，高僧慧远大师就以自种之茶款待陶渊明、陆修静等人。交往闲聚，"品茶吟诗，叙事谈经"，不胜风雅。诗人白居易在其诗中就留下了"药圃茶园为产业，野麋林鹤是交游"的佳句。"茶圣"陆羽在他的《茶经》专著中，把庐山康王谷的水和招贤寺方桥潭的水，分别品定为"天下第一泉"和"天下第六泉"，好茶好水相得益彰，如是乎，茶被披上了浓郁的文化色彩。

历代围绕茶这一主题而产生的盛茶、饮茶器皿，在当今各个博物馆及民间乡野俯拾皆是。如是，民间有谚云："开门七件事，油盐柴米酱醋茶。"茶成为社会各阶层不可或缺的生活必备品。

宋代时兴"斗茶"之风，为后世"茶品""茶艺""茶道"的形成和流传开辟了先河。也为茶蒙上了神秘、高雅的色彩，成为传播文明的重要使者之一。

明代，九江、福州、汉口并称为中国三大茶市，成为我国重要的茶叶贸易集散地，这与九江拥有广大的产茶基地和便捷的交通区位密不可分。唐时诗人白居易就曾在《琵琶行》中写道："商人重利轻别离，前月浮梁买茶去。"说明茶贸易在九江的历史非常悠久。据史料载,茶在九江乃至整个南方地区种植非常广泛。及至近代,茶叶贸易在九江都非常活跃,城区内外茶铺、茶行、茶庄林立,商贾云集,成为九江口岸的主要贸易商品之一。资料显示,民国四年(1915年),经九江关输出的茶叶达329.798公担,为同期各类贸易商品中数量居高者。这些都充分说明茶叶在九江不仅有着种植和产销的悠久历史,而且有着重要的地缘优势。浔阳区正系江西地区对外贸易的"命门"所在,极具重振九江茶市的有利条件。

新一届市委、市政府明确提出了把九江打造成"区域物流中心,文化旅游胜地,开放港口城市……"的总体发展思路,这为浔阳区重振文化茶市提供了很好的外部条件,真可谓扬帆竞渡正是时。

因此建议:

打造"浔阳文化茶博园",以此形成浔阳区特有的文化商贸品牌。园区内开辟示范性种茶、制茶、品茶、茶艺表演、茶商交易、茶文化展示等多项活动内容。

采取政府主导,商家参与,市场运作的管理与经营方式。做成容文化性、旅游性、商业性于一体的重要品牌基地。定期举办"中国(浔阳)茶文化节""茶文化研讨会"和"商贸洽谈会"等系列活动。

建议茶博园选址于白水湖及其以东地区,规划面积不小于100亩(含部分湖面面积)。该地区北邻长江、滨江大道，西靠长虹北路，交通及基础设施非常优越。再者，周边又有会展中心、滨江生态园、长江大桥、琵琶亭、锁江楼、浔阳楼等，构成一个文化圈，是茶博园极佳的首选位置。建成后的茶博园既可以作为文化旅游阵地，又可作为商贸活动的平台和民众休闲品茗的重要场所，以此结束浔阳区没有大型文化、旅游、休闲阵地的历史。

原文刊于《长江周刊》2007 年 3 月 9 日

水乡泽国话九江

溢浦、浔阳、江州、九江是为我们城市之古称（今沿用"九江"之名）。细心的人不难发现，名城古都都有一个相似的共性，那就是与水有关联。的确如此，九江30年来的考古资料显示，远古先民在选择聚居之地时，多以水边台地为基。过着日出而作，日落而息的生活。究其原因，恐怕有两点：一是人的亲水性，生存不可无水，这是不变的真理；一是获取生活资料的必须，从田地里，从水泽中寻找维系生命的食料。近代史学家吕思勉先生研究认为，"中国民族，最初大约是湖居的"，他认为"水中可居之处称洲，人所聚居之地称州，州、洲虽然异文，实为一语"，"不但最初的建筑如明堂者，取法于湖居，即后来的造城，必环绕之以壕沟，还是从湖居的遗制，蜕化而出的"。

水拥九江　惠泽名城

人们常说，九江因水而兴，由水而名，这话不无道理。当我们展开中国地理图集、水网图志时，不难发现，从地理上看，我国地势西高东低，造成了主要的大江大河由西向东流经。而九江的地势恰恰相反，由于受庐山山脉的影响，则由东南向西北倾斜，历史上九江城几次大的迁徙似乎也证明了这一点，即从西北向东南动迁。顺应了"人往高处走，水往低处流"的古话。从早期九江城址的选定到后来的城市发展也反映了先民们趋利避害的思想智慧。

西汉初年，江西境内立豫章郡，下辖柴桑县。九江城建史由此拉开。2200年来，先民们生息于斯，创造于斯。作为有着2200多年历史的九江，历代治理者在经营这座城市时，至少有两点是值得称道的：其一为适宜生存，利于居住；一为便于交通，扼守咽喉。这也是九江在历史上长期繁盛的重要原因之一。

从九江及周边水系分布看，说九江承东启西，引南接北，一点儿也不为过。近代工业革命之前的数千年，人类长期处于农业文明的长河中。要生存，想发展，就必须充分有效地利用水资源。九江正系水运交通的"命门"所在，极具优越的地缘优势。这座城市镶嵌在长江之滨，鄱湖之岸。向南，如鄱湖，经赣江，翻越大庾岭，可贯通广东的曲江、珠江，达南粤各地；往北，由汉水、运河（隋以后），连接中原诸省。古时九江所占据的要冲之利，不要说在江西，就是全国也不多见。

历史上九江能开文化、商贸之先，聚人气之旺，是如发达的水系密不可分的。于是才有了李白、杜甫、白居易、陆羽、苏东坡等一大批文人雅士对九江之水的吟诵和赞美。

一路走来

六朝以后，九江港是中国内河运输最繁忙，商贸最活跃的港口之一，明清时期一跃而为中国"四大米市""三大茶市"之一。民间曾对九江商贸繁荣的盛况有过"装不完的吴城，卸不尽的汉口"之说。由此可见其地位的重要性。这种繁忙热闹的场面一直延续到近代工业革命时才告一段落。近代工业革命始于西方，这场由生产技术的革新而引发的革命浪潮，很快地席卷全球，引起了世界政治和经济格局的变化，造成了"农业民族从属于资产阶级民族""东方从属于西方"的局面。如果要问历史上如此繁荣活跃的九江为什么今天与许多过去不及我们的城市比落后的话，我以为原因是多方面的。但有一点可以肯定的就是，工业革命后交通工具和运输方式发生了根本性的改变，而九江人仍沉浸于传统优越条件的惯性思维中不能自拔。换言之，我们今天的差距是在蒸汽机来临之时就已经开始了，只是在过去高度计划的经济时代没有凸现出来而已。

月满则亏　水满则溢

古人云"月满则亏，水满则溢"，是非常具有辩证性的。事物都有两面性，水，同样如此。九江几千年的发展史，似乎也可以看作是一部先民们利用水、治理水的历史。

大禹治水的故事，几近家喻户晓，流芳后世。今庐山汉阳峰"禹王崖"石刻，当是后人对大禹治水功绩的一种纪念。相传夏禹治理水患，九江亦在他浩大的工程之列。太史公司马迁为撰写《史记》到全国各地考察，就曾"南登庐山，观禹疏九江"。这些故事，属传说也好，是史实也罢，但有一点毋庸置疑，那就是三千多年以前人类已掀开了治理水患的历史。禹公治水的传说和故事版本很多，值得肯定的是造福安民应该是其主旨之一，否则，人们就不会将其治水之功言传口授几千年，铭记于心。

九江是水灾频发的城市，据府县志记载，自唐宪宗元和九年（814年）至清同治九年（1870年）的一千多年中，具有较大破坏性的水灾就有24次之多。造成的经济损失难以统计。古城寻阳，就是在隋大业年间因水患，不得不弃城东迁。这是有明确记载的九江历史上规模最大的一次城市动迁。

据水文资料统计，1931、1949、1954三个年份，九江最高水位分别达20.53米、20.09米和22.08米，均造成城区80%以上陆地被淹，危害之大，可见一斑。

令我们不能忘记的是1998年的世纪大水。是年，因受厄尔尼诺现象和拉尼娜现象影响，我国大气环境异常，造成长江流域大范围持续降雨。8月1日23时，九江水位达到23.03米，超警戒水位3.5米，超历史最高水位0.83米。8月4日江洲决堤，8月7日九江长江城防大堤4—5

号闸口之间被冲开了60米的决口，一时间，险象环生。这次九江历史上的特大水灾，其持续时间之长、范围之广、来势之猛、危害之大均为历史所罕见。在党中央、国务院、中央军委的领导下，在省、市委的直接领导下，九江人民同肆虐的洪水展开了一场生与死的大决战。经过五昼夜的奋力拼搏，终于堵住了决口，降服了洪魔。这场惊心动魄的人水大战，留给我们的是什么呢？记得当年在"'98抗洪纪实展"中是这样描述的：

他是一部书，将永远载入史册；

他是一首诗，将世代激励后人；

苍天可鉴：巨灾面前，华夏民族有着何等的凝聚力和向心力。

江河作证：恶浪之中，军队人民是如此地勇敢和顽强。

这是伟大的抗洪精神——万众一心，众志成城。不怕困难，顽强拼搏，坚韧不拔，敢于胜利。

这是一句誓言——中华民族不可战胜。

说起水，在九江不能不提到城区中央的两湖，它是一道令九江人自豪，外来者羡慕的城市美景。自然景观与人文景观交织，使两湖成为九江的地标。将九江誉为城中有水，水中有城，再贴切不过了。据方志记载，该湖唐以前名曰"景星"。随着城市的东迁，湖与城的方位发生了变化。唐以后，因湖位居城之南，故改名"南湖"。然而，这之前的湖只是大自然的造化，与人挨不上多大的关系。李勃任江州刺史时，为便于周边民众往来交通，兼及水利需要，于湖之中修筑长堤一条，将湖一分为二。于是，湖被赋予了人文的精神色彩。长堤之内称作南湖（清代九江府城在此开有南门，后代九江人习惯将南湖叫作南门湖），长堤之外称作甘棠湖。"甘棠"者，本植物之名，如何与九江的湖水联系在一起呢？我们从史料中可以寻找答案。《诗·召南》有《甘棠》篇。朱熹《集传》中说："召伯循行南国，以布文王之政，或舍甘棠之下。其后人思其德，故爱其树而不忍伤也。"后世因用"甘棠"称颂地方官吏之有惠政于民者。这里说得很明白，为官者只要想着人民，多办好事、实事，人民是不会遗忘他们的公德的。

在九江，耳熟能详的与水有关的地方，不仅有甘棠湖，还有思贤桥、烟水亭、锁江楼等等。说到这里，我们不能不提到城区内的"龙开河"，这条发端于瑞昌青盆山的"湓水"和我们相伴了几千年，于近世消亡了。历史上它不仅是船民渔夫躲避狂风巨浪的天然避风港，也在九江经济贸易活动中发挥过一定的作用。虽说"布帆木桅"的时代行将过去，但这条河留给城市的文化却永远存在。九江古称湓口、湓浦，即为湓水之口、湓水之岸的意思。

这水是城市发展的文脉所在,但已不存,因而城市的发展需要树立科学发展观啊!

九江的这些与水有关的遗迹、故事、传说,未必都与史实相符,但至少它留给了我们一笔精神财富。如果把这些财富化作一种向上的城市精神,它带给我们的必将是一种奋发有为的不竭动力。

水为我们造福,水给我们灾祸,这是九江几千年用水、治水的生动写照。尽管历代治理者和民众与水进行了不懈的斗争,但从根本上改变历史,治理水患,还是新中国成立之后的事。从《中国城市防洪概览》一书中我们了解到。1966年以前,九江市区是一个没有堤防的城市。1966年,国家投资340万元,在九江兴建长江大堤18800米,赛湖隔堤1600米,内湖堤14600米,建造通道闸58座,涵闸24座,排涝泵站4座。1983年后,九江再次对堤防进行整治。到1994年,城区长江堤防整治达标(25.25米高程)8874米,除险堤段4100米,扩建排涝泵站2座,新增临时排涝站34座,整治达标涵闸、通道闸45座,城区受保护范围扩大到45平方公里。

多余的话

说起这座与水相伴相生的城市,令人欢欣令人忧。欢的是它曾带给我们繁荣、富裕。这里文化名人汇集,行商坐贾涌至,开文化之先河,过先儒之教化,领财源之茂盛。因水而兴的九江码头经济现象是非常值得研究的，它是九江历史繁荣的原区地，对其他行业的崛起和兴盛具有带动和辐射作用。也许正是这种得天独厚的自然条件和区位优势，形成了九江海纳百川的包容性。但与此同时，在它的另一面又不能不看到，正是这种包容性，接纳了各色人等云集于此，但由于文化背景的不同、生活习俗的差异，九江人的群体合力是不足的。我们应该看到我们的优势，找出存在的不足，才是当务之急。

新一轮的城市建设的宏图已经绘就，市委市政府提出的"四个打造"非常符合九江的实际。"千秋伟业在于创，九江巨变在于干。"只要全市人民团结一致，奋力拼搏，实现九江经济腾飞、社会繁荣和人民富裕，将不是遥远的梦。

改革开放之初，国家在沿海地区设立了四个经济特区，这表明了中国改革开放，走向世界，融入全球化的决心。封闭保守已成为历史。经过二十多年的探索和实践，社会主义市场经济体系在中国已经基本确立，在其后的发展中，国家适时地提出了"西部大开发""振兴东北老工业基地""中部崛起"等一系列具有战略意义的发展规划。特殊的优惠政策已不再是少数特殊地区的专利。在这种齐头并进，阳光普照的大政策背景下，单纯依赖优惠政策的思维，显然不合时宜。

九江作为中部地区的内陆城市，除原有的水运优势外，大京九铁路的贯通和近年来高速公路的相继建成，使九江成为中部地区，京九沿线，长江流域不可多得的交通枢纽城市，发展外向型经济的客观条件十分优越，现在的关键是要看我们在新一轮的经济大潮搏击中能否抓住机遇迎难而上。因此建议有二：

第一，解放思想，振奋精神。从一定意义上讲，思想解放的程度，决定经济发展的速度。20世纪90年代，曾流传着这样一句民谚"北京人什么都敢说，广东人什么都敢吃，浙江人什么都敢做"，这虽是一句戏言，却折射出了这些地方的人思想活跃、敢为人先的特点。我们很难想象，一个思想保守、安逸散漫、精神萎靡的人能够迎来初升的第一缕阳光。

第二，合纵连横，扬长避短。近年来，江西提出了打造沿海地区后花园，承接发达地区产业梯度转移，融入珠三角、长三角经济圈等等一系列方案。这些固然不错，但作为江西北部门户的九江，更应该发挥自己的优势，采取合纵连横的城市经营方式，搞活我们的经济。过去我们在"横"向上做的文章比较多，主要是与长江沿岸各城市相比较。这是历史形成的，并没有错。今后我们可否再从"纵"向上做点文章，这个纵向文章就是大京九文章。1997年贯通的京九铁路是我国第二条南北大动脉，它全长两千多公里，纵贯江西全境，沿线地区客观上看多为经济欠发达地区，但这些地区却具有丰富的文化资源、物产资源和人力资源,开发潜力很大。九江扼守京九铁路与长江交汇之要冲,具有引领、联合的区位优势,集南北、东西人流、物流聚散于此,不是没有可能。

原文刊于《长江周刊》2007年5月18日

一路走来

只知庐山　不知九江

不久前齐鲁博物馆同仁组织来九江观光旅游，因事先与我们进行了联系，故在他们游完庐山和市区部分景点后，两馆进行了有关两地历史文化、博物馆建设与发展等话题的交流。当谈及游览九江的印象时，他们似乎只有"庐山"一词。我在想，难道偌大的九江在外人眼里就只有庐山可游吗？记得早年胡适先生就表述了这样的观点："东林寺代表了佛教中国化和中国佛教化的大趋势；白鹿洞书院代表了七百年来理学发展的大趋势；牯岭代表了西方文化入侵的大趋势。"胡适的三大趋势论显然是从历史和文化的层面上说明九江在中国历史和文化进程中的作用与地位，应当让这些人无我有的亮点，成为九江文化旅游的灵魂。

九江水

依山傍水的九江，历史上的名头很大。庐山只是它的一个"盆景"罢了。在旅游事业方兴未艾的今天，大凡来九江的游客多有冲着庐山美景而来的想法，之后却又带着对九江"水"的依恋而走。然而，他们感受到的九江水是自然的、原生态的、没有任何雕琢的，缺少文化浸润的，这真是天大的误区，同时也说明九江旅游业在宣传导向上出现了偏差。依山而建，临水而筑的九江是造化笔下的一幅山水图，而这幅美轮美奂的山水图，带着浓厚的人文色彩，似梦似幻。

记得20世纪80年代初，我去无锡考察，宿于锡惠公园边的旅社，当时的无锡与九江无甚差别，都属江南小城。宿住三天，广播中的《二泉映月》一曲使我至今难忘，每每会把它和无锡联系在一起，这就是文化的效应和魅力。所谓"二泉"，是唐代茶圣陆羽从品鉴饮茶用水的角度，将天下泉水进行了排列，列无锡惠山泉为"第二"；庐山山南的两处泉水也位列陆羽品鉴的名泉之中，分别被评为"第一"和"第六"。现在看来只有"天下第二泉"品牌响亮，影响深远。究其原因，不是陆羽的功劳而是阿炳的绝唱起了很大作用，是《二泉映月》优美的旋律扣住了人心，赋予了"二泉"更多人文情怀。

无锡留给我的第二印象就是太湖。说起太湖，恐怕家喻户晓，如果把它与九江人民的母亲湖鄱阳湖相比，无论是面积、资源、文化，还是风俗等，鄱阳湖都不逊于太湖，这不是自负。但太湖的影响力却远大于鄱阳湖，因为它有一首优美动听的旋律——《太湖美》！它不停地在天地间回荡，时常能唤起人们的好奇心，大家都想踏着音乐的节拍走近太湖，观赏它那如梦如幻的身姿。这也给了我们一种启示，再好的自然资源，如果缺少了人文的色彩，都很难长久地扎根于人们的心田，即便是自然资源、人文景致俱佳的地方，如果缺乏市场的运作与推广，也很难令人们向往。反之也许就叫作相得益彰吧！九江对"山"的文章似乎做得很足，而对"水"所做的文章却显得不够，需要补课。

看课本　游九江

去年，武汉某旅行社做了一次很有意义的尝试，推出"看着课本游九江"旅游项目，见之于报端后，让人顿生感叹，为策划者的良苦用心叫绝。策划者的高明之处就在于面对同样的山水，同样的文化，却找出了与众不同的切入点，这是在给文化溯源、寻根。如此，人们在游览中也许会把许多历史名人与九江相联系，连带出"飞流直下三千尺""同是天涯沦落人""出淤泥而不染"的感叹，清晰地聆听到石钟山那水石相击的钟鸣声在宇宙间的回荡，并迸发出许多遐想。九江的旅游从业者，不妨伸手一试，别人都能借"他山之石"，我何不能。

水，生命之源。它孕育了九江人民永立潮头而不屈的精神，它演绎出我们的山水文化、宗教文化、军事文化和码头文化。

说起九江，人们都会将其和"水"相联系，这个思路是符合客观实际的，是水孕育了这座城市，也推动了这座城市前进的步伐。但谈到水的时候，人们又往往把它和灾害联系在一起：九江历史上有多少次水患呀，每次水患给九江人民造成多大灾害呀等等。这些历史事实，往往给人的是"水灾无情"的心理感觉，它更多地带有消极的成分。我们说事物都具有两面性，为什么我们不能多讲述一些诸如大禹治水、李公筑堤、'98抗洪等与水有关的动人感人的故事呢！因为这也是事实而且还蕴含一种撼天动地的精神，能给人以力量。

九江人

说起九江人，人们又多有"小聪明""过客心理""不谋长远"等等贬语。这些观点，实不敢苟同，且不说它是否正确描述了九江人的问题，至少是片面的。有言道："一方水土养一方人。"这方水土不也曾养育出了田园诗人陶渊明、江西诗派的鼻祖黄庭坚、南宋丞相江万里以及近现代的黄远生、蔡公时、许德珩、陈寅恪、袁隆平等一批人杰名士吗！这些在中国乃至世界都叫得响的名字，可否代表九江人？

九江鱼

旅游是衣食住行的合体，作为"水乡"的九江，我们常常在"鱼"上做文章，这当然没有错，问题是如何能让美味的"鱼席"进入旅游餐桌，绽发出文化的亮光。这是值得思考的。记得几年前我到绍兴考察，绍兴在文化旅游上除突出古老的吴越文化外，他们主打的就是"鲁迅"牌。据介绍，绍兴人招待外来宾客，无论是公务接待还是私家宴请，都会自觉不自觉地把客人请进"咸亨酒店"：一碟五香豆，一盘臭豆腐、一碗霉干菜烧肉外带一壶绍兴黄酒，花上一二百元，就解决了。若要论排场或胃口显然不算什么，但在咸亨酒店所品到的不是美味佳肴，而是一种特色，一种文化，一种和文化巨匠鲁迅相联系的文化，仅此一点就足矣！

说到这里我不由地想起了九江的一道菜肴，名曰"杂烩"，究其渊源恐怕与一段历史有关。相传南宋抗金名将岳飞驻守九江时和九江百姓建立了深厚的感情，当得知岳飞被害后，江州城的百姓供其画像，遍建岳王祠，并创造了一道地方菜肴——"杂烩"，盖言"烹炸秦桧"，善善恶恶，爱憎分明！传言的真实性如何，今天已无多大的争辩意义了，至少它留给我们的是一段爱憎分明的佳话，是佳话就有传承的意义和生命。凡此种种，只要我们去挖掘，去发现，甚至去"无中生有"都会有所收益，不必忌讳它有多少学术性，因为旅游文化本来就是一种演绎文化，有想象的空间才有回味的余地。

三句话

笔行此端，我想建言三句：一是树立大旅游的观念，充分地挖掘九江的自然、历史、文化资源，给我们的家底盘盘点；二是在挖掘的基础上进行资源整合，找出文化的共性和个性；三是大力宣传推介，让事业和产业齐头并进，各领风骚。言至此，权作抛砖。

原文刊于《长江周刊》2009年12月4日

下篇　露从今夜白　月是故乡明

"独立之精神,自由之思想"
——读《陈寅恪的最后二十年》

春节期间,一位在深圳工作的同窗来九江度假,相聚时赠送了一本三联书店1996年11月重印的《陈寅恪的最后二十年》于我。据说这本由陆键东先生撰著,标价仅23元一本的平装书在网络上已被炒到了百余元一本。说明这是一本非常畅销且带有几分传奇色彩的书。

展卷读来,让人痛楚、哀婉、思考。该书较为全面地叙述了陈寅恪这位享誉中外的史学大师最后二十年的悲情人生。从中折射出的不仅仅是一个人的悲剧,而是一个时代的伤痕。

陈寅恪(1890年—1969年),江西修水人。其祖父陈宝箴为晚清"封疆八大吏"之一,任湖南巡抚时,因积极推行新政,支持"戊戌变法",被慈禧赐死。其父陈三立为"维新四公子"之一,被称为中国传统诗最后一人,也因陈宝箴之累而被革职,"永不续用"。陈寅恪就生于这样一个文章节义之家。

文化转型期的士大夫命运

纵观几千年的中国社会发展史,大体历经了两次大规模的文化转型过程。第一次为秦汉时期。从列国时代的"百家争鸣"转入到汉代"罢黜百家，独尊儒术"的一统天下。期间还有秦始皇"焚书坑儒"的蠢举。但这次转型是带有一定主动性质的。第二次大转型始于1840年的鸦片战争。这次转型是在列强炮口淫威下被迫而动的，带有不自觉性。而陈寅恪正是生活在这样一个大转型的时代，命运的不济往往和时代是相联系的。作为一名学贯中西、满腹经纶的学术大师，不可能游离于时代之外独享其尊。这就注定了陈寅恪人生的悲情色彩，因为他不可以随波逐流地存在，更不是僧尼释族，隐逸界外。

记得太史公在《报任安书》里有这样一段话："古者富贵而名摩灭者不可胜记，唯倜傥非常之人称焉。盖文王拘而演《周易》；仲尼厄而作《春秋》；屈原放逐，乃赋《离骚》；左丘失明，厥有《国语》；孙子膑脚，兵法修列；不韦迁蜀，世传《吕览》；韩非囚秦，《说难》《孤愤》；《诗》三百篇，大底圣贤发奋之所为作也。此人皆意有所郁结，不得通其道，故述往事，思来者。"是啊，"思来者"，来者何如呢？陈寅恪的晚年是带着失明、跛足的病躯，拖完了他的风烛余年的。他此时的所思所想我们不得尽知，但有一点可以肯定的，那就是在那个特殊年代，读书人是不会有其真正地位的。元代统治者曾把中国各色人群分等划界，可怜的"知识分子"据说位列第九，竟排在娼妓之后，仅排乞丐之前，悲哉！

如果一代大儒陈寅恪能看到今天这样一个尊重知识、

崇尚读书的伟大时代，想必他那双失明的双目定能绽放出异样的光彩啊，惜哉！

独立、自由、学术

作为终其一生追求的准则，独立、自由只能是陈寅恪向往中的天堂净土罢了，实则是办不到的，他所能办到的只有学术一念。

陈寅恪在史学领域最大的成就是对隋唐史的精深研究，他的《隋唐制度渊源略论稿》和《唐代政治史述论稿》，堪称曲高和寡的扛鼎之作，具有划时代意义。他一生的研究成果不算太丰，仅三百多万言。晚年（指最后二十年）除诗词歌赋的撰作外，主要是对文学作品的研读，形成了《论再生缘》和《柳如是别传》等作品。诚如他自己所言："著书唯剩颂红妆。"论其功力他本可以在中国通史和中国文化史等研究方面大有可为，然而，他却偏偏把笔锋转向了另一端，这是遗憾还是自嘲，不可妄言。但有一点是不难看出的，陈寅恪的晚年是在用史学的眼光看文学，用文学的情感思史学的。这在《论再生缘》和《柳如是别传》中不难看出。

走过三个时代（晚清、民国、共和国）的陈寅恪，每每和家人及身边人谈论清朝诸事时，都能如数家珍般地娓娓道来，于是有人对他说，先生如果研究"清史"更能驾轻就熟，陈寅恪却回答道，清代离我太近，研究起来会带有感情，这样的研究会不客观的。由此不难看出他治学的严谨态度。

迁徙南国度余生

迁徙、漂泊，几乎伴随了陈寅恪的大半生。1948年冬，他又一次迎来了人生的大迁徙，而这一次是他生命中的最后一次。

古都北平，皇城脚下，几缕风霜，似乎仍散发着"天朝"的气度，然而一场改朝换代的世局嬗变已经开始。"国共"双方在对北平的争夺中，文化竞争是重要内容之一，于是蒋介石批准的所谓"抢救学人"计划从1948年12月15日北大校长胡适匆忙登机而开始。这一天与胡适一同登机抵达南京的还有清华大学历史系教授陈寅恪及其家人。据北大邓广铭教授回忆，北平被围之初，教育部曾数次用专机请陈寅恪离开北平，为陈坚拒，此次与胡适同机离开北平的原因至今仍是个谜。也许与他一生辗转漂泊，不问政治有关。陈寅恪曾在抗战胜利前夕写下了《忆故居》一诗，句中云："破碎山河迎胜利，残余岁月送凄凉。松门松菊何年梦，且认他乡作故乡。"诗句既表达出胜利后的欣慰，也对颠沛流离的人生际遇表达了无限的怅然。

陈寅恪一家在南京只住了一晚，第二天便匆匆赶往上海。后经陈序经盛请入住珠江之滨的岭南大学，这是他一生漂泊的最后一站。

纵观他最后的二十年，大体上可以分为两个阶段。第一阶段（1949年—1965年）。这是新中国的初期，人们仍然沉浸在胜利的喜悦和大干快上的狂欢中，陈寅恪尚能在领导的关怀、学人的关照下，潜心治学，传授知识，还能找到一点"独立之精神，自由之思想"的影子，生活和人格仍还有应有的尊严。第二阶段（1966年—1969年）则是在磨难与煎熬中度过的。其时的陈寅恪心实已死，据黄萱回忆，"文革"期间，有次陈寅恪突然问她"反动"二字作何解，黄萱无言以对。"通识"的陈寅恪，竟有如此一问，其悲愤莫名的心境可以想见。从1966年冬开始，陈寅恪多次被迫作检讨，交代问题。1967年4月2日他又一次递交了一纸"声明"："一、我平生没有办过不利于人民的事情。我教书四十年，只是专心教书和著作，从未实际办过事；二、陈序经和我的关系只是一个校长对一个老病教授的关系。并无密切往来。我双目失明二十余年，断腿已六年，我从来不去探望人。三、我自己的一切社会关系早已向中大的组织交代。"这是一代文化大师最后的抗争。在中山大学当年的"总结"或"形势报告"一类的材料中，对"反动学术权威"一类的人用上"反动透顶，恶毒至极"等评语，并咒骂"就让他带着花岗岩脑袋见上帝去吧"，陈寅恪是唯一一人。要知道这些评语是出自一所高等学府。

"不甘心""不低头",也许是陈寅恪留给这个世界永远的一个谜。而他作为一个学人所表现出来的气节,至死不渝的精神信念,是以生命惨遭蹂躏为代价的。

1969年10月7日晨5时许,一代国学大师走完了他七十九年的生命历程,合上了早已闭合的双眼。

庐山中国植物园内的陈寅恪墓

2003年6月16日陈寅恪与夫人的骨灰经过多次反复之后终于落葬于中国科学院庐山植物园。一代文化大师从去世到"入土为安"历经了三十余年,他留给后人的除了精神、学术之外,还有思考。

原文刊于《长江周刊》2010年4月2日

一路走来

弯弯的溢水故乡的河

近十几年来,每当我走在九龙街上,看到穿行于马路上的大小车辆和街道两边鳞次栉比的店铺时,就会不由自主地想起昔日的"龙开河"!这条伴随着我们九江人走过千年的小河,已经消失了十几年,离我们渐行渐远,成为历史的记忆。

龙开河,又名溢水。发端于瑞昌的青盆山,自西向东几十里,穿越八里湖,在市区向阳闸处与十里河汇合,折转向北流去,注入长江。从向阳闸汇合处到长江入口约1.3公里,这段不长的河流,被九江人俗称为"龙开河"。

这条自生人灭的河,在被填埋时,既没有抗争,也没有怒吼!默默地奉献了自己。这是城市建设与发展的需要,还是商品经济横流的结果?我们难以辨析。但它事实上切断了九江的一段文脉,这是客观的。

说起龙开河,当今的九江人对它既熟悉又陌生。熟悉的是这条伴随着我们蹚过千年的小河,似九江人的同伴,却又更像我们的母亲,它见证了九江城千年历史的风风雨雨,却又在不经意中彰显出了江南水乡的阴柔之美,凸显了一座城市如诗似画般的意境,给我们留下了许多挥之不去的印迹。陌生的是,在经济大潮奔涌的喧嚣下,人们又很难静下心来思考一个与自己生活并不紧要的城市古今冗长的话题，于是，对故土乡情的概念浅淡了，甚至变得模糊起来。这也不足怪，因为不是每个人都有怀旧和追思历史的情愫。

唐代以前的龙开河，只有一个名字——溢水。这是一个因山名水的自然地理名称。宋代以后，它又多了一个带有几分神秘色彩的名字——龙开河。关于这个名称的由来，检索一千多年的正史、方志都没有一个确切的答案。也许这个名称是民间市井的百姓众生为它取的吧？它带有一种"龙王"保佑、祈福平安的愿望。这也是江南水乡民众的一种普遍文化心理。

我生长在江湖之滨，孩提时耳边时常会充斥着父辈们有关水的传说和故事，这些传说和故事五味俱杂，今天想起来好像都带有一点对水的敬畏之情。

常言道，靠山吃山，靠水吃水。旧时的龙开河，是船民渔夫躲避风浪的天然港湾，枯渔季节又是他们护船修网的场所。这种半水半岸式的生活曾是九江城池外独特的一道风景线，令人神往。虽说布帆木桅的纤夫时代行将过去，但渔舟唱晚的余晖和遗韵却永远地留给了我们的城市。

历史上九江曾有过浔阳、江洲、溢城、半洲等城名，这些地域性的名字显现了九江城水一般的个性，一些老地名如溢浦、滨江等都与城市的个性符号"水"相映衬。

曾经的龙开河

斗转星移,岁月变迁。由于职业的原因,我经常穿行于市井乡间,寻访历史的文脉,用真实的故事告诉后辈,先民们留给我们的东西,我们传承了多少。

原文刊于《长江周刊》2013 年 10 月 18 日

水井·民生

水井，是一个古老而又现代的话题！

现时代的人们对水井的认知似乎已渐行渐远了。因为当下人们的日常生活已经很难与水井这个城市居民生活曾经无法绕开的话题相联系了。这也许是生活变迁、城市发展的趋势使然吧！

我生长在长江之滨的百岁坊附近的居民区，记得孩提时，在家的周围不足500米的范围内，就有水井四口。井壁都用青砖垒砌，井口用石头收口固定。井里的水冬暖夏凉，清澈透明，饮用洗涮都离不开它。

由于井中之水来自地下，经过沙砾过滤，水质较好，且不受自然气候影响，使用十分方便。然而，随着时代的变迁，城市中的水井几乎消失殆尽，九江城区内仅剩下了一口"浪井"。这口因名人、典故、诗句、传说而冠名的古井，成了浔城人的集体记忆。如果不是有意识地给予保护，它恐怕也难逃被填埋的厄运。幸哉！

相传这口古井开凿于两千多年前的西汉早期，巧合的是它与我们的九江城池同时代诞生。它见证了柴桑、浔阳、九江城千百年来的世事沧桑，是九江城最持久、忠实的伙伴。随着自来水时代的到来，它光荣地退休了。一口曾经与我们的生活不离不弃的古井，失去了往日的实用功能，却给我们留下了一段挥之不去的乡愁。今天的"浪井"成了城市客厅中的一件摆设品，仅供人们观瞻而已。这口"井"，成了存留历史和岁月的幸运儿。

说起水井，在中国可上溯到几千年前的浙江余姚河姆渡文化与龙山文化中的水井遗迹，它们是迄今我国发现的最早的水井遗迹之一，是先民认识和利用地下水资源的智慧结晶，它佐证了中国是世界上最早利用地下水资源的国家。不仅如此，在汗牛充栋的史籍中，我们也能耙梳出有关水井及地下水利用的记载。《荆州记》中就有这样一个古老传说："父老相传云：神农生地中有九井，神农既育，九井自穿。"《尔雅·释水》还列举出滥泉、氿泉、沃泉等多种类型的泉水。研究与历史经验告诉我们，地下水不仅可以用来煮盐、饮用，其中的温泉还可以用来治疗疾病。明代神医李时珍在《本草纲目》中指出："庐山温泉有四孔，四季皆温暖……方士每教患有疥癣、疯癫、杨梅疮者饮食入池，久浴后出汗，以旬日自愈也。"说明九江地下水资源种类与蕴藏都很丰富。

从现有的考古资料看，九江的水井从三千多年前的商周时期就已经出现了。1985年后，分别在九江县、德安县的商周遗址中发掘出了数口水井，同一时期在市区的八里湖古寻阳城址还发现了九口六朝时期的水井，唐宋以后的水井实例就更多了。2014年6月，在九江市庐山区赛阳镇汤桥村发现一口北宋时期的纪年水井的石井

下篇 露从今夜白 月是故乡明

宋代石井圈

浪井

圈，上刻铭文："江州左厢□永并妻陈□三娘，舍钱开砌甘泉义井壹眼，时熙宁丁巳岁，谨记。"从纪年中得知，该井开凿于一千多年前的北宋时期，如此铭记也说明古人对水井的重视不是一般。

一直到20世纪中后期，九江城内都留有大量的水井，可惜的是这些水井从20世纪80年代后逐步被填埋废弃了。所以，一口"浪井"才显得如此珍贵。

水，生命之源，万物之基。九江，这座因水而名，由水而生的城市，如果离开了水，那还是九江吗？！

原文刊于《长江周刊》2015年12月27日

大山深处的古文化
——走进修水山背

2016年4月12日，在修水县文广局和上奉镇领导的陪同下，我又一次走进了修水山背村。此行距离我第一次到山背已经30年了。虽说是故地重行，但心情却并不一样：第一次走进山背村时，我怀有更多的是了解山背的欲望与对山背的好奇。这一次进入山背时，我怀有更多的是对山背文化的敬畏，思考应该怎样更好地利用这独特的历史文化资源。

年初，在市人大和政协"两会"期间，就有代表和委员围绕市委、市政府做出的"把九江打造成为世界知名的山水文化名城"的重大决策部署建言献策。修水的同志适时提出了深度挖掘修水山背文化，规划建设"山背文化遗址公园"这一命题。在修水文化界同仁的邀请之下，才有了我这次的山背之行。

山背距离修水县城并不算远。从县城向东经武吉高速公路，驱车40分钟就可抵达这片充满神奇古色的厚重大地。这里碧水蓝天，溪水潺流，群山环抱，郁郁葱葱，在大自然美景的映衬下，呈现出一幅浓淡恬静、韵格有佳的山水画。劳作的人们在田间地头流动，村间的校舍里不时地传出阵阵朗诵声，好一派耕读社会的传统景致，这不是乡愁维系的所在吗!

在雾霾频发的今天，走进这片无障碍的呼吸空间，不仅仅是人们的理想，更应该是我们践行和谐社会的奋斗目标啊!

说起山背还得从50多年前的一次田野考古讲起。1961年江西文物工作者在修水大山深处发现了一处距今5000年左右的古文化遗址，经考古发掘确认，这是一处典型的新石器时代的山坡遗址。这类遗址在江西主要分布于赣江平原的边缘山坡上，有的在山区小溪流的谷地边缘山冈上，地势稍高，且多向阳傍水，有利于人类繁衍生息。

九江地区的古文化遗址多以平坦的冈顶为中心，再延及四边坡地。修水的这处遗址由于中心位于上奉镇山背村，所以考古界将其命名为"山背文化遗址"。

山背遗址属于新石器时代晚期遗址群。通过考古发掘，不仅发现了原始人类的居住遗址，还出土了大批生产工具和生活用具。从出土的石器、陶器看，山背文化的地域性特征非常鲜明：石器，磨制精细，体大身长，混厚粗壮，有石锛、石斧、石镞、石铲、石凿、石网坠、扁平长方形石斧和半月形带孔石刀等。石斧中除常规形制外，还出现了一种少见的有段石斧和有肩石斧。陶器有夹砂红陶、泥质红陶、夹砂和泥质灰陶、黑皮陶、蛋壳黑陶等。出土的三足器、圈足器、圜底器和小凹底器等生活用具中，少数陶器上开始出现了拍印的方格纹、曲折纹、编织纹和圆圈纹等印纹陶工艺。这些文化现象为我们探索南方地区商周时期几何纹印纹陶的起源问题提供了积极而有意义的线索。

山背遗址的发现，为我们寻找和研究赣北地区历史文化源流提供了极其珍贵的实物资料。然而，正当人们积极而又兴奋地为山背文化厘清脉络，寻找答案，探索赣北远古文明之时，一场史无前例的"文化大革命"降临了。初露的山背文化光芒刚刚走出地平线却又被无情的时代尘封了起来，渐渐地淡出了人们的视线，迷帐再次被拉起。

今天我们关注山背，既是在叩问历史，又是在发明本心：赣北居民的根脉之源在哪里，远古时代九江文明的原点又是从哪里点亮！

修水山背遗址全貌

山背遗址发掘现场

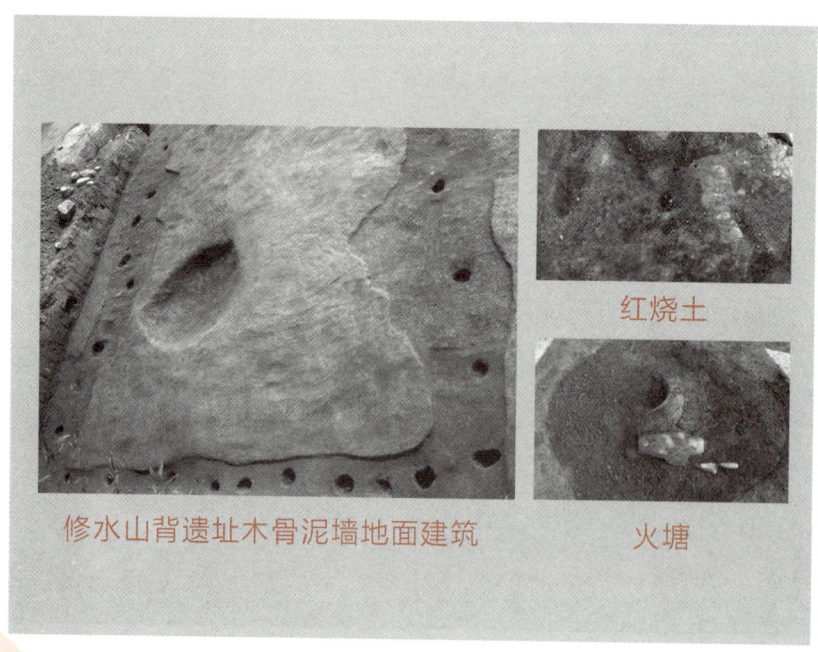

修水山背遗址木骨泥墙地面建筑

红烧土

火塘

修水山背遗址出土陶片

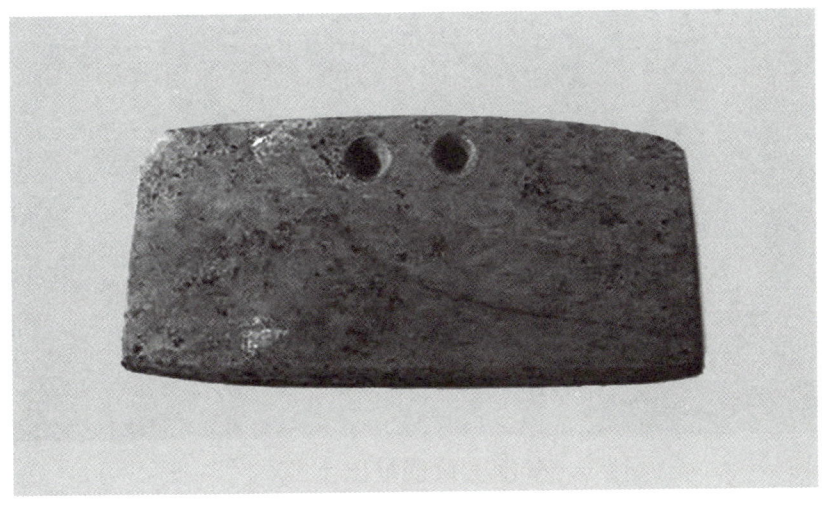

修水山背遗址出土双孔石刀

下篇 露从今夜白 月是故乡明

一路走来

修水山背遗址出土甗

下篇 露从今夜白 月是故乡明

修水山背遗址出土平底钵

修水山背遗址出土圆底钵

流淌的修河是深深大山分泌的乳汁,她滋养了世代的赣北人,孕育了九江的历史文化。历史检索与考古实践告诉我们,修水这片古老的土地上,"三苗"古族曾活动于此,古越人曾耕作于斯地,这里诞生过江西最早的国邑古艾。大宋文豪黄庭坚、维新志士陈宝箴、学界泰斗陈寅恪从这里一路走来。工农革命军第一面军旗从这里升起。斯地是我辈应叩首匍匐而往的圣地!

一天的调研,一天的行程,修水县文广局和上奉镇的领导与我交流着他们对山背遗址和修水文化挖掘、保护、打造和利用的话题。为官一地,思索一方,搞活经济,造福乡民,体现的是一种担当精神。

修水的古色、绿色、红色、特色资源,有其出色而鲜明的个性。如果将山背文化打造成"山背遗址文化公园"的话,不仅能够激活古老的历史文化,还能够带动地方旅游业的发展,所产生的经济与社会效益是不言而喻的。

原文刊于《长江周刊》2016年4月24日

九江·1858
——写在收回九江英租界九十周年之际

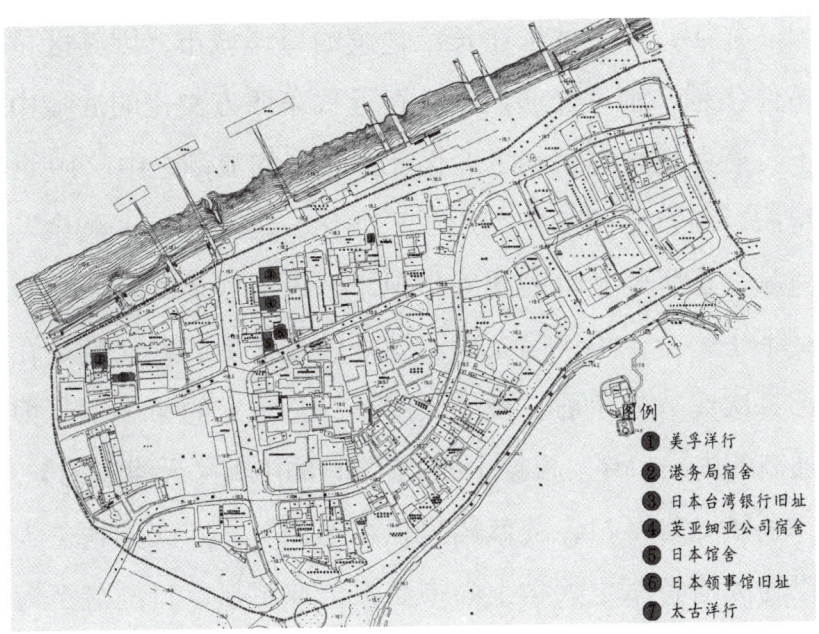

九江英租界范围内现存历史建筑示意图

"租界"唤醒尘封的历史

90年前的1927年3月,在社会各界的积极支持和声援下,九江人民收回了西方列强设立在九江长达60多年的租界,结束了那段强加于我们的屈辱历史。

"租界",这个带有浓厚殖民色彩的怪胎,虽然已经被尘封在历史的长河之中,但它留给我们的警示与启示却不应该随着时间的流逝而遗忘。它是我们了解国情，放眼世界极好的教材。晚清70年是中国社会从农业文明向工业文明转型的70年，同时又是中国从自然经济向商品经济转型的70年。

九江，这个镶嵌在长江之滨的口岸城市，因其区位条件优越，水运交通便利，在近代东西方文化的冲撞中不可避免地被卷入到了近代社会转型的浪潮之中。19世纪后，西方列国基本完成了工业化，为倾销其"剩余"商品，在坚船利炮的淫威护卫下，逼迫软弱的晚清政府签下了一个个不平等条约。地处内陆之地的九江就是在第二次鸦片战争后，被《天津条约》规定的第一批开埠通商的内陆口岸。根据1858年签订的中英《天津条约》，"长江一带各口，英商船只俱可通商"，"大英钦差大臣与大清特派之大学士尚书会议，准将自汉口溯流至海口各地，选择不逾三口，准为英船出进货物通商之区"。该条约还规定，在新开各口岸租地建屋，"并另有取益防损诸节，悉照已通商五口无异"。这样就使租界制度得以向新开各口推广。租界也似乎披上了"合法"的外衣。

近代中国的租界，从1845年产生第一块开始，到1945年全部租界被收回为止，共计百年。百年间，共有13个国家在中国的土地上建有租界27处，其中25个是专一租界。多国共管的公共租界2个。这些租界主要分布在沿海一带和沿长江一线。除此之外，还有一些拟开未开的租界，如温州、沙市、福州等的美日租界，都曾先后正式签约，但实际上因种种原因条约未能正式全部实施。除正式签约开埠的租界外，在近代中国土地上还产生过不少类似租界的特殊地域，如租借地、避暑地、外国人居留区、通商场、贸易圈、铁路附属地、新市街、使馆区及澳门等。在九江主要是英租界和庐山避暑地。

根据1861年签订的《九江租地约》，英国在九江府城以西，龙开河以东划得地基150亩，作为永租地，并在此范围内设有领事馆、俱乐部、巡捕房、医院、教堂、银行、工厂、码头、仓库、栈房等各种设施。这份看似"公平"的租地约，成为以后英国人在九江实施租界制度的奠基石。由此，九江的大门向西方敞开。

九江大门被强制打开

为了管理九江租界，英国在此确立与实行了完全独立于中国行政系统和法律以外的另一套统治制度，设立了租界管理机构。据《在九江帝国领事馆管辖区域内事情》记载，这里先后设有：英国领事馆、英国巡捕房、日本领事馆、九江海关、九江邮政局、亚细亚洋行、美孚洋行、怡和洋行、太古洋行、（日本）"台湾银行"、日清汽船株式会社、顺丰洋行、阜昌洋行、英美烟草公司、税务司公馆、巡江司公馆、天主堂、天主堂医院、九江俱乐部以及日本人俱乐部、海关俱乐部、内地会、副税务司公馆等机构与设施，西方势力几乎全方位地渗入了九江。在"西风东渐"的同时，九江也在自觉与不自觉中开始了近代转型的变奏。

毋庸置疑，"租界"是近代西方列强以强凌弱，强加于我们的产物，它带有无法洗刷的屈辱标识。"国中之国"的租界内，华人是无权利可言的，正如九江籍海外爱国艺术家蒋彝先生在《洋人与狗》一文中所言："祖父走久了，感觉得非常疲乏，就在租界中公设的长椅凳坐下了休息一会儿，马上就有一个巡捕叫喊'起来''走开'。祖父上了年纪，向他解释'只几分钟就走'，回答是不行。巡捕就拿起他的手棍来赶。我把身子遮着祖父起身走开了，走了不远，看见第二把公设的椅凳上面坐着一位老年洋女人，她的一条狗也同她坐在一块儿，真把我气坏了，祖父只是摇头叹气！"这段根据亲身经历写成的往事，说明租界内华人连基本的权利都是没有的。这真是滑天下之大稽。于此何来"平等"二字。更有甚者，正如革命先驱方志敏同志在《可爱的中国》一书中所揭露的那样："如果你喜欢向外跑，喜欢在'国中之国'的租界上去转转，那你不仅可以遇着'华人与狗'一类难堪的事情，你到处可以看到高傲的洋大人的手杖，在黄包车夫和苦力的身上飞舞；到处可以看到饮得烂醉的小兵，沿街寻人殴打；到处可以看到巡捕手上的哭丧棒，不时在那些不幸的人们身上乱揍；假若你再走到所谓'西牢'旁边听听，你定可以听到从里面传出来在包探捕头拳打脚踢毒刑逼供之下的同胞们声声呼痛的哀音，这是他们利用治外法权来惩治反抗他们的志士！半殖民地民众悲惨的命运啊！中国民族悲惨的命运啊！"这就是租界的基本情形，也是那个时代国人生存的真实写照。它留给我们的是一段难以抹去的伤痛。是屈辱，是警示！

在那个国权不能自理的年代，设有租界的城市，在中外贸易不断增长和经济迅速发展下，朝着近代化城市方向迈进。一些城市的社会生活也发生了异于寻常的变迁，这种变迁跨越了农耕社会、半农耕半工业社会、工业社会几个不同的社会阶段。近代社会生活演变的主要因素表现在新旧经济基础和政治制度的更替，从而促使社会生活方式的变化。它导致了生活观念的创新，生活内容的更新和生活活动范围进一步拓宽。在"欧风美雨"的侵蚀下，发生了"洋俗"的东渐和旧俗的嬗变。这种变化也是对西方文化融合吸收的结果。中与西、新与旧，不同地域不同特色的生活方式和文化模式在这里相互冲撞、交融，形成了租界社会城市生活独特的风情画和民俗景观。

租界的建立吸引了大量人口的涌入，"租界城市"成为华洋杂居的移民城市。这些移民中既有巨商富贾和失意的官僚政客，也有落魄文人和破产农民。大批乡民逐渐向市民转变，形成了新的市民群体，如资本家、职员、产业工人、苦力等,成了租界居民的主体。外国移民中不乏冒险家、投资者和技术人员、商人及避难来华的从事政治活动的侨民等。复杂的人口来源,构成了"租界城市"多层次的社会居民结构,也是开放型城市发展的重要人文背景。移民给"租界城市"带来了宝贵的资金和科学技能,带来了廉价的劳动力。这些不仅给城市的面貌带来了变化,也改变了市民的观念,培养了市民的新素质。

作为"租界城市"的九江,与其他"租界城市"的情形大致相似,只是规模程度有所差异而已。

九江英租界五味杂陈

《九江租地约》签订后,英国人就在东至九江府城西门外大街之功叙坊口,西至龙开河,北至长江江岸,南至接官厅及溢浦港,以木桥(赵公桥)与府城正街相连,形成租界区。为了扩大侵占地盘,1891年,英租界当局把溢浦港彻底填筑成陆,将筑成的数十亩土地开辟为公园、球场,并附设一所招收外侨子弟的小学。于是,在九江英租界的南部首先形成了界外侵占区。在中国租界史上,共有5个租界附有此类准租界,而最早开辟界外侵占区的就是九江英租界。

如果说"租界地"是政府间条约约定的"合法"产物的话,那么"界外侵占区"还有"避暑地"就是巧取豪夺的战利品。一般而言避暑地是由外国传教士和商民开辟，外国政府较少参与，多属非政府行为，庐山避暑地就是英国传教士李德立"巧取"后，清政府被迫允建的避暑地。他得地之后，"辗转租与牯岭公司分别出租，盖屋避暑"，数百栋风格各异的别墅构成了西方建筑博览群，这也是庐山大规模商业开发的发端，是九江开埠后，列强在浔商业利益的延伸。

开埠后的九江，五味杂陈，热闹非凡。英美俄等国纷纷在九江抢滩登陆，传教布道，兴办学校、医院，设立洋行，进行经济、文化活动。西方文化渗透的特点是传洋教、办学校、办医院并驾齐驱，皆以基督教会的面目出现。教会为办学、办医提供财源；学校兼为教会、医院培养人才；医院又为教会、学校扩大影响。三者相依相助，互为促进，形成了独树一帜的宗教文化。据统计，教会在九江所办的学校、医院多达 12 处。

伴随着租界的建立，外国公司和洋行亦纷纷涌入九江通商口岸开展业务。自 1862 年始至抗日战争前，先后有 6 个国家在九江建立了近 20 个金融和商业机构，从事经济贸易、交通运输、商业加工等活动。繁荣的商业活动，促成了九江商贸中心的形成。在外力的刺激之下，中国的近代资本主义生产关系也在缓慢地发展。中国的官僚、商人开始从事开办新式企业的活动。从开埠口岸的贸易性质来说，九江与其他商埠一样，都具有半殖民地的贸易性质。

由于租界从一开始就是建立在不平等条约的基础之上，因此，冲突与斗争就不可避免地不断发生。从1867年美国基督教会在南湖边的肖家街"跑马圈地"引起肖家街人民的反抗，到1919年九江民众奋起反抗英租界苛收过路税和1920年九江码头4000余工人为反抗巡捕无故伤人事件而举行罢工，反抗的怒潮一浪高过一浪。

1924年11月孙中山先生在北上途中多次发表谈话，阐述关于废除不平等条约的主张。他在吴淞港口会见外国记者时曾说："上海是中国的！外国人是这里的客人，我们是主人。租界一定要归还，这一点中国人是很坚决的！"进入20世纪20年代后，由于上海、汉口、九江等地相继发生英人屠杀中国民众的血案，于是，从1925年6月到1927年春，全国掀起了反对英帝国主义及收回英租界的斗争浪潮。1927年2月19日和20日，中英订立了《收回汉口英租界协定》及《收回九江英租界协定》。3月4日，武汉国民政府中央政治会议，通过外交部所拟《收回九江英租界协定》。3月15日，九江英租界由中国政府正式收回管理。

九江英租界是近代中国被迫开埠的产物，这段租界史是受屈辱被奴役的历史，同时又是争自由拒压迫的斗争史。

九江租界开辟之后，西方文化对九江各个方面不断渗透：租界的建设对九江的城市建设起到了一些示范作用；租界文化还通过与教会有关的教育以及报纸杂志等影响着九江人的文化生活；由租界教会创办的学校、医院、报刊和杂志，代表着不同国籍、不同政治利益，某种程度上也意味着文化殖民，它们同时又代表着不同的文化，呈现出多元性、多样性的特点，客观上促进了九江文化的多元融合与发展。

相比以前的被动开埠，现在九江主动对外开放，融入世界经济圈，打造山水文化名城，吸引国内外的人才与资金为己所用，与世界多国的城市建立友好城市关系，所以我们有理由相信九江的明天将会变得更加美好！

原文刊于《长江周刊》2017年3月26日

附 录

汪建策：三十年风雨文博路

记者 朱亮

那是四月一个凉风习习的午后，记者与九江市博物馆馆长汪建策约好，在他位于文化局的办公室里进行一次采访。这天天气出奇地阴冷，寻找不到一丝晴朗，待记者走入办公室中，汪馆长就着台灯，在鹅黄色灯光的照明下入神地细读着桌上铺开的厚书，待看到记者时微微抬起头，一个架着眼镜十分精瘦的儒雅学者形象在记者心中定格。在这空间不大的办公室里，整齐有致地摆放了各种文史类书籍，而旁边的案台上是汪馆长写好的毛笔字，字体遒劲有力。甫一交谈，汪馆长就对《九江壹周》曾撰文呼吁加快博物馆新馆建设的问题表示感谢，这突如其来轻描淡写的一句感谢，让记者顿感亲切。

一直以来，在记者心中对于纯粹的文史学者有着不通世故的迂腐印象，可汪建策显然打破了记者心中的桎梏。而且更加令记者惊讶的是，对于文化产业经营和文化策划战略等等方面，他着实有着绝对专家级的能力，这或许与他30年来从事文博工作有关，亦或者是读书破万卷使然，但是更多的，在记者看来是一个学者对于事物发展的通透思考。时值庐山云雾茶新茶上市之际，说起云雾茶的品牌，汪馆长不禁觉得一丝遗憾，因为它既是普通商品又是文化商品，可是时下很多人不自觉地把云雾茶当成上流社会人情往来的"贡品"，庐山一年就产出那么点茶叶，厂商每每一斤或半斤地包装，硬生生把这么好的富有文化附加值的产品给浪费了，如果把茶叶按克为单位包装，大众消费的辐射范围就要大多了，口碑传播加上走精致化路线，云雾茶就能像普洱或铁观音一样行销全国。听着汪馆长娓娓道来，犹如听某位大学教师正徐徐授课，其实，汪馆长正是九江学院文传学院的客座教授。

作为九江市博物馆的负责人，与其他城市文化工作者进行交流是常有的事情。在汪建策的记忆里，绍兴令他印象最为深刻，当问起记者对浙江绍兴有哪些印象时，记者很容易就说出绍兴最为典型的老黄酒、乌篷船、江南巷道里的枕水人家以及咸亨酒家，汪建策微微地笑着，表示这正是绍兴当地文化单位和文化人士对于自身的定位和推广点。从汪馆长的介绍里得知，绍兴分段成片地把城市原生态包装起来，单单说鲁迅故居板块，一系列保存完好的江南青石街道和落落而坐并列而生的南方小宅，进入其中，俨然就是晚清民国时期的天地，甚至会感觉到连空气都是飘自于辛亥革命时期的。当绍兴市民请外来的朋友就餐时，很多绍兴市民会把朋友们带到咸亨酒店，黄酒、茴香豆、蚕豆、霉干菜等等小菜摆于朱漆大桌，扑面而来的文化气息足够让客人心满意足。绍兴的市民不断通过文化大餐来推介自己的城市，这不可不说是绍兴的特色待客之道。"可话说回来，那豆子咸得要死"，汪建策的一句话顿时让办公室里迸发出阵阵的笑声。

1996年，九江出土了一枚南宋江州钱牌，初时省内文物专家组鉴定后评级为国家二级文物，后来一位国内文物鉴别机构的最权威专家来九江出差，汪建策闻讯带上江州钱牌赶赴浔阳楼与专家会面。专家反复端详拿捏这件文物，汪建策则抛出了他认为钱牌应评为国家一级文物的观点，专家听后要汪建策解释，汪建策陈述："钱牌作为代货币的出现表明九江在宋朝时的经济极度繁荣，同时又辅证了九江三大茶市之一交易数量大的观点，最后钱牌的出现最直接地佐证了九江码头城市的历史。"专家认真听完后，不禁赞成了汪建策的观点，随之这枚江州钱牌就升格了。面对九江市博物馆里的几件镇馆之宝——元代青花瓷、江州钱牌等文物，汪建策犹如看到这个城市的过去，一个曾经繁荣一时的城市正缓步向前。

一个有着两千年历史的城市，曾经有过短暂的辉煌，

一路走来

地上地下或多或少都会有她过去的痕迹。汪建策对于任何一件与九江有关的文物，不管市场价格如何界定，他都是充满着最大的热情。九江电视台曾制作过类似于央视鉴宝的节目，不定期地会把汪建策请过去当节目嘉宾，汪建策自然会不遗余力地将每件宝贝的背景故事讲述出来。而当节目进行到最后，进行到估价的环节，在场观众的兴趣和热情都会燃至最高。这令汪建策感到一丝不适应，因为只要不是赝品，每件文物在汪建策眼中都是宝贝。虽然自己有甄别宝物真伪的能力，同时还具备初步为文物估价的能力，可这些带来的烦恼也逐渐地让汪建策萌生了避让上节目的念头。"我希望的是为大众传播文物知识，但是发现观众只是对于文物价格超寻常地关注，我失去了继续当嘉宾的兴趣。"汪建策向记者道出了心中的想法。

听着汪馆长的叙述，不禁觉得他耿直的性格着实可爱，同时，从这些漫不经心的话里，能够感受出他对文博事业真挚的爱。"文物确实是能够待价而沽的，可是在我这里行不通，在我心里，每样文物都是有生命的，我都能够感受到文物生命征兆的存在。"比如井冈山上朱德老总的扁担，顺着汪馆长的话说开去，记者不禁对于文物这个空泛而宏大的概念有了温度的感知。文物承载着太多的历史和文化涵义，现在朱德扁担已经被定为国家一级文物，试问一根扁担能值多少钱？可是当它负载了文化和精神意义，这件器具就不同寻常了。

　　屈指一数，出生于50年代的汪建策从事文博工作已经三十余年了，他坦言，每一代有每一代的宿命，当初年代动荡且社会信息闭塞，相比当下的时代来说有着一定的遗憾。现在他依然孜孜不倦地对于知识有着巨大的饥渴，每晚雷打不动地在办公室或家中读上两小时的书，一本接一本的大部头历史巨著在汪建策的手上翻过，著名史学家吕思勉更是已经成为汪建策时常于心中神交的大师。

　　在办公室的墙上，挂着汪建策自己书写的一块牌匾"德不孤必有邻"，在与"汪教授"谈话间，这句话不停地在记者眼角闪现，渐渐地眼前这位淡泊宁静的学者，就如同一面深深的湖。三十年来的文博之路，汪建策走得那么深，那么静。

原文刊于《九江壹周》2010年4月30日

痴心文博终不悔
——记九江市博物馆馆长汪建策

记者 江慧

千年古城——江西九江，有这样一位默默无闻、无私奉献的文博干部。

他扎根九江基层文博事业33年。30多年来，他跑遍了九江的山山水水，沟沟壑壑。他与同事搜救出了3000多件文物，其中有闻名海内外的唐代铜灯、南宋江州钱牌、唐三彩等6件国家一级保护文物。在他的呼吁和奔走之下，九江市新博物馆于2010年10月开工兴建，17个月后，博物馆惊艳亮相，成为江西省建筑面积最大、功能最齐全的大型综合性博物馆，结束了九江市30多年来"有馆藏无馆舍"的尴尬境地。今年5月，由他精心指导布置的"九派云横——九江历史文化陈列"成功突围，摘得"全国博物馆十大陈列展览精品奖"，九江博物馆升格为国家三级博物馆，九江市的文博事业从此迈上新的历史高度。

他，就是江西省九江市文物局书记、九江市博物馆馆长汪建策。

1958年10月出生的汪建策，1981年从部队转业，从此和九江文博事业结下不解之缘。33年来，他把自己的青春年华和毕生精力都奉献给了九江的文博事业，在他的眼里，文博事业才是他全部的生命价值之所在。

难以割舍的文博情结，让他成为知名的文博专家。30多年来，他通过自己的努力学习和钻研，对江西地方文化及中国南方古代墓葬文化有了较深的研究。撰有《烟笼浔庐——近代九江风云录》《汉字繁简异体形义字典》《烟水亭楹联诗集选》《六朝九江志》（合著）等多部著作。30多年来，他和全馆同志一道对九江文物现状进行了拉网式摸底调研，在考古现场主持抢救性发掘工作，使九江市的文物事业和馆藏品不断壮大。文物普查工作、资料汇编、古墓葬群挖掘保护……30多年来，他先后参与文物考古发掘工作30余次，参与主持文物展览20余次，为九江文博事业的发展作出了重要的理论和实践贡献。

难以割舍的文博情怀，促使他不断勤奋创业，把九江的文博事业不断带向新的高度。他为九江博物馆新馆的建设积极建言献策，亲自设定方案，最终促成了新馆于2010年10月开工兴建。建成后的新馆，成为九江的一座标志性文化建筑，成为全省一流博物馆，赢得了省委、省政府等各界领导和广大市民的普遍赞扬。为提升服务水平，他坚持从职能教育、规范管理和服务考核等方面入手，让博物馆为市民提供更高档次、更加优质和更好环境的免费服务。为打造陈列精品，由他主持的"九派云横——九江历史文化陈列"，荣获"第十届全国博物馆十大陈列展览精品奖"，极大增强了九江博物馆的吸引力、感染力和震撼力。新馆试开馆期间，免费接待社会各界观众32.5万人次，为宣传九江、传承文化和服务社会发挥了巨大作用。

难以割舍的文博情结，让他30多年来无怨无悔献身文博事业。30多年来，他爱岗敬业，把文博工作深深融入血脉当中。为了文物保护，他宁可牺牲自己，2007年底，在押运从广东顺德撤回的联展文物的途中，遇到罕见雨雪冰冻灾害天气，汽车被困在冰冻的高速公路上，为了节省用油，他让司机熄灭发动机，独自一人守在放文物的后备箱中两天两夜，确保了文物的安全。2010年至2012年新博物馆建设期间，17个月，他吃住在工地，亲自上阵监督。在一次巡查工地，脚掌不慎被铁钉扎穿，医院劝他住院治疗，可他简单地包扎消毒后，就拄着拐杖回到了工地。期间，妻子生病，女儿分娩生产，他都无暇顾及。真正做到了以馆为家，建家在馆，不计得失，甘于奉献。

痴心文博终不悔。33年来，汪建策就像一只劳作不辍的蜜蜂，全身心地扑在九江的文博事业上。他连续多年被评为九江市优秀共产党员、先进个人。如今的他身兼数职，是江西省考古学会常务理事，江西师大文化研究所兼职教授、硕士生导师，九江学院客座教授。他多次接受中央、省、市媒体专访，专业成就被媒体多次报道。2007年被评为九江市第四批"优秀专业技术拔尖人才"。2009年被评为"市领导直接联系的人才"。

原文刊于《九江日报》2013年8月10日

后 记

这本带有九江市博物馆馆志与我个人从事文博工作经历的书稿，经过两年多的酝酿、筹划、撰写，终于在2018年的春节前完成了。我也似乎了却了一桩心愿。

书稿的出版或许减少了我个人生命中的一点小小的遗憾吧！

非常感谢我所在的单位九江市博物馆为我的写作提供的外部条件和必要的支持。撰写过程中，我的同事熊凯、樊嫱、宋先友、罗建敏、赵建鹏、李颖、高菁、汪晗、陈昱亭、周建霞、孙悦等同志帮助查找资料，拍摄照片，并承担了全部书稿的打印、校对、配图工作，他们无怨无悔地支持与帮助我，没有得到任何物质的回报，这对于我一个离岗即将退休的人来说是一份值得永恒珍藏的宝贵记忆。从他们身上我看到了人性的善良、友爱、真诚。善哉！

人们常说，社会是个大舞台，我却以为，我们并不是真正的演员。本色人生，大朴不雕，犹如春日里的阳光，它将普照着我们快乐、健康地活着。乐哉！

汪建策

2018年1月8日